Ulmer Taschenbuch 21

Walter Buch

Der Regenwurm im Garten

58 Farbfotos
23 Zeichnungen

VERLAG
EUGEN
ULMER

Zeichnungen von Claudia Hosslin, Therwil (Schweiz)

CIP-Kurztitelaufnahme der Deutschen Bibliothek

Buch, Walter:
Der Regenwurm im Garten / Walter Buch. – Stuttgart :
Ulmer, 1986.
  (Ulmer Taschenbuch : 21)
  ISBN 3-8001-6276-8
NE: GT

© 1986 Eugen Ulmer GmbH & Co.
Wollgrasweg 41, 7000 Stuttgart 70 (Hohenheim)
Das Werk einschließlich aller seiner Teile ist urheberrechtlich geschützt. Jede Verwertung außerhalb der engen Grenzen des Urheberrechtsgesetzes ist ohne Zustimmung des Verlages unzulässig und strafbar. Das gilt insbesondere für Vervielfältigungen, Übersetzungen, Mikroverfilmungen und die Einspeicherung und Verarbeitung in elektronischen Systemen.
Printed in Germany
Satz: Typobauer Filmsatz GmbH, Ostfildern 3
Druck und Bindung: Georg Appl, Wemding

Vorwort

Die Regenwürmer sind die wichtigsten, aber selten sichtbaren Helfer des Gärtners. Sie tragen viel zur Anreicherung der Humusschicht und damit zu gesunden, widerstandsfähigen Pflanzen bei. Sie stellen ein unersetzliches Glied im Ökosystem des Bodens dar. Lange Zeit haben indes die Menschen die landschaftsbestimmenden und bodenverbessernden Eigenschaften der Regenwürmer nicht zur Kenntnis genommen. Licht in das sich meist im Dunkeln abspielende Leben unserer Erdbewohner brachte der Naturforscher und Begründer der Evolutionstheorie, Charles Darwin (1809–1882). In seinem berühmten Buch »Die Bildung der Ackererde durch die Thätigkeit der Regenwürmer« (1881) wies er unter anderem nach, daß Regenwürmer die Pflanzen nicht schädigen, sondern ihr Wachstum fördern. Heute weiß man, daß im Regenwurmkot erheblich größere Mengen an Stickstoff, Phosphor, Kalium, Kalk und Magnesium enthalten sind als in normaler Gartenerde.

Regenwürmer wenden innerhalb von 12 bis 15 Jahren die obersten 10 cm Grünland ohne Pflug vollständig um und erzeugen Jahr für Jahr 10 bis 90 t/ha wertvollsten Humus. Sie stopfen unaufhörlich Erde und organische Abfälle in sich hinein und scheiden fruchtbarste Humushäufchen aus. Ihr Körper ist – einfach formuliert – ein einziger Darmkanal, in dem organische Bestandteile zusammen mit den mineralischen Bodenteilchen sich zu feinsten, dauerhaften Krümeln verbinden. Der Regenwurm ist somit der wichtigste Produzent der für den Dauerhumus so wichtigen Ton-Humus-Komplexe. Durch seine grabende Tätigkeit und seine Röhrengänge trägt der Regenwurm außerdem zu einer besseren Durchlüftung und Drainage der Böden bei.

Im Zeichen eines verstärkten Umweltbewußtseins, verbunden mit dem neu geweckten Interesse an einer natürlichen Fruchtbarkeit des Bodens ohne Pestizide und Mineraldünger, leben Gärtner und Würmer wieder in Eintracht. Je »fauler« der Gärtner ist, je weniger er in das Bodengefüge und damit in die hochkomplizierte Lebensgemeinschaft der Bodenorganismen eingreift, desto besser ist es für den Boden.

Dem Verleger, Herrn Roland Ulmer, ist zu danken, daß er sich den Fragen einer naturgemäßen Anbauweise im Garten und in der Landwirtschaft annimmt und dies in Form dieses großzügig ausgestatteten Taschenbuches dokumentiert. Den Mitarbeitern im Verlag gebührt gleicher Dank für ihre Bemühungen.

Eine alte französische Bauernweisheit besagt: »Le Bon Dieu, der liebe Gott, weiß, wie man fruchtbare Erde macht, und er hat sein Geheimnis den Regenwürmern anvertraut.« Wir wollen den Versuch unternehmen, den Regenwürmern dieses Geheimnis zu entlocken.

Walter Buch, Diplom-Biologe
Freiburg-Opfingen, im Frühjahr 1986

Inhalt

Vorwort 5
Einleitung 8

Biologie 11
Körperbau 11
Fortbewegung 12
Nervensystem, Sinnesorgane 13
Ernährung, Verdauung 15
Fortpflanzung 16
Entwicklung 18
Lebenserwartung 19
Diapause 19
Regeneration 20
Massenwanderung 20
Verbreitung 22
Intelligenz 23
Systematik 24

Geschichte 28
Griechenland 28
Ägypten 29
Etrusker und Römer 30
17. Jahrhundert und später 31
Heilkunde 31
Darwins Erkenntnisse 32
Justus von Liebig 33
Beginn der Wurmzucht 33
Natürliche Bodenbearbeitung 35
Regenwurmforschung 35

Ökologie 36
Ansprüche an den Lebensraum 36
Auswirkungen auf den
Lebensraum 40

**Einflüsse auf den
Regenwurmbesatz** 51
Bodenbearbeitung 52
Mineraldüngung 55
Schädlingsbekämpfungsmittel
(Pestizide) 58

Räuber, Parasiten, Krankheiten 63
Tiere 63
Parasiten 63
Krankheiten 64

Regenwürmer als »Schädlinge« 65
Wühlen, Kothäufchen 65
Lockwirkung auf Maulwürfe 65
Zwischenwirt für Parasiten 65
Beispiel 66
Nutzen unbestritten 66

Regenwürmer als Testorganismen 67
Beurteilung von Pflanzenschutz-
mitteln 67
Medizinische Untersuchungen 67

Wurmzucht und Wurmhumus 67
Der Markt für Würmer 68
Humuserzeugung 68
Welcher Wurm für welchen
Zweck? 68
Vermehrung und Umsatz des
Kompostwurms 70
Wurmzucht im Kompostbehälter 72
Wurmzucht in Kompostmieten 77
Wurmzucht in der Wurmkiste 87

Regenwürmer und Tierhaltung 92
Pferdehaltung 92
Kleintierhaltung 94

Förderung der Würmer im Boden 96
Prüfen des Wurmbestandes 96
Zufuhr organischen Materials 96
Neutrale Böden 98
Verzicht auf Mineraldüngung 98
Verbesserung der Bodenstruktur 99
Einsetzen von Würmern 101

**Der Regenwurm im Obst- und
Weinbau** 102

Obstbau 102
Weinbau 102

Die Wirkungen von Wurmhumus 106
Kräftigung der Pflanzen 106
Förderung der Mikroorganismen 106
Pflanzenfördernde Wirkstoffe 106
Nährstoffreichtum 107
Ton-Humus-Komplexe 107
Käuflicher Wurmhumus 108

Anwendung von Wurmhumus 111
Unterschiedliche Zusammensetzung 111
Aufwandmengen 111
Ausbringen 111
Anwendungsbeispiele 112

Der Wurmmarkt 114
Bundesrepublik Deutschland 114
Wurmzuchtverbände 115

Zukunftsaussichten 116
Regenwürmer als Futter 116
Abfallbeseitigung durch Würmer 116
Das »Gülle-Problem« 116
Bodensanierung 116
Klärschlammaufbereitung 117
Waldsterben 117
Humusproduktion 118

Fangen und Aufbewahren von Regenwürmern 119
Erfassungsmethoden 119
Aufbewahrung 120
Demonstrationsrahmen zur Beobachtung 121

Literatur 122
Bezugsquellen 126
Bildquellen 127
Sachregister 128

Einleitung

Regenwürmer sind die Baumeister fruchtbarer Böden. Aber erst in jüngster Zeit hat man, dank eines geschärften Bewußtseins für ökologische Zusammenhänge, die Bedeutung der Regenwürmer für die natürliche Fruchtbarkeit und Humusbildung wiederentdeckt. Jahrhundertelang wurde – und auch heute noch wird der Regenwurm verfolgt, getötet oder den Hühnern zum Fraß vorgeworfen, weil er angeblich die Wurzeln anfresse. Seit Charles Darwin wissen wir, daß Regenwürmer gar keine Mundwerkzeuge besitzen, mit denen sie Pflanzenwurzeln abbeißen könnten.

Heute sind andere Gründe für die Dezimierung dieser unermüdlichen Helfer verantwortlich. Die moderne Landwirtschaft mit ihrer intensiven Mineraldüngung und dem hohen Pestizideinsatz entzieht dem Regenwurm das Futter und tötet ihn mit dem Gift ab. Die moderne Bodenbearbeitung mit schweren Schleppern und Tiefpflügen macht dem Regenwurm das Leben auch nicht gerade leichter. So kommen statt der 400 Regenwürmer/m^2, wie sie in einem natürlich fruchtbaren Boden üblich sind, gerade noch 4 bis 40 Würmer vor.

Auch der Gärtner hat in den letzten Jahren zu sehr den Versprechungen der chemischen Industrie vertraut, kräftig

**Links:
Diese idyllische Landschaft ist bis zu einem hohen Maß Ergebnis der Tätigkeit von Regenwürmern.**

gedüngt und jeden Schädling mit der Giftspritze verjagt. Daß er damit auch die Nützlinge getötet und den Boden zerstört hat, wird verschwiegen.

Die sich mehrenden Anzeichen der Zerstörung unserer Umwelt, unserer Böden, von Feld und Wald durch Belastung von Luft und Boden und eine übermäßige Ausbeutung, haben viele Menschen nachdenklich gemacht. Die Anhänger einer natürlichen biologischen Anbauweise im Garten und in der Landwirtschaft werden immer zahlreicher. Für den ökologisch wirtschaftenden Gärtner gilt eine Grundregel: Nicht die Pflanzen düngen, sondern das Bodenleben ernähren! Der Verzicht auf Mineraldünger und Pestizide, sowie eine konsequente Bodenbedeckung und organische Düngung sind die Voraussetzungen für einen hohen Regenwurmbesatz. Je fauler und sparsamer ein Gärtner ist, je weniger er in das Bodengefüge eingreift, desto besser kann sich eine natürliche Bodengemeinschaft entwickeln.

Die Mikroorganismen, Kleinlebewesen und Regenwürmer verarbeiten den jährlich anfallenden Haus- und Gartenabfall zu bestem Pflanzendünger und Dauerhumus. Nicht weggeräumter Rasenschnitt, liegengelassenes Laub und anderweitig geeignetes Mulchmaterial verbessern im eigenen Garten die Lebensbedingungen für die Regenwürmer. Man kann Regenwürmer aber auch gezielt im Kompost – sei es im Silo oder in Mieten – vermehren und den so gewonnenen Wurmhumus als Dünger für das eigene Obst und Gemüse verwenden.

Auf keinen Fall sollten wir den Regenwürmern gleichgültig oder gar feindlich gegenüberstehen. Regenwürmer und ein aktives und vielfältiges Bodenleben sind entscheidend für die natürliche Fruchtbarkeit des Bodens, für die Qualität der Nahrung und damit letztendlich auch für unsere Gesundheit.

Präparationsbilder von der inneren Organisation eines Regenwurms.
Oben: Alle Organe in ihrer natürlichen Lage. Mitte: Das Nervensystem wurde freigelegt. Unten: Mikroskopischer Querschnitt durch den Darm.

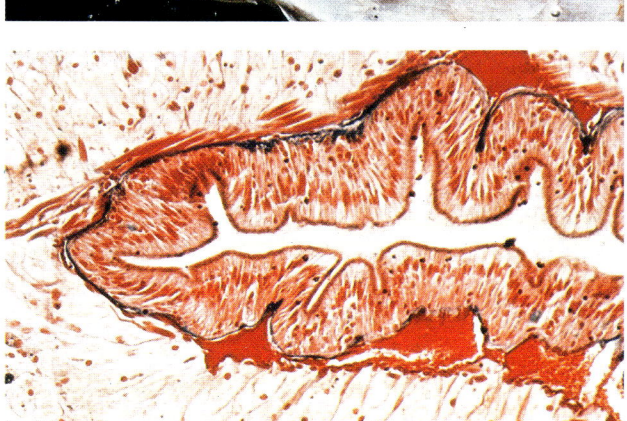

Biologie

Körperbau

Segmente

Ringelwürmer, zu denen auch unsere Regenwürmer gehören, zeichnen sich durch einen langgestreckten, drehrunden Körperbau aus. Sie sind in viele (60 bis 200) gleichgestaltete »Segmente« (Kammern) unterteilt, die äußerlich als Ringelung sichtbar werden. Nur der Kopfabschnitt bzw. das ganze vordere Drittel des Wurmes mit den Geschlechtsorganen unterscheidet sich durch zum Teil zusätzliche Einrichtungen von den übrigen Körpersegmenten.

In jedem Segment befinden sich jeweils 2 Nervenknoten und 2 Ausscheidungsorgane (Nieren). Durch den ganzen Körper ziehen sich sowohl der Darm als auch ein Bauch- und ein Rückenblutgefäß sowie das Nervensystem. Die beiden Blutgefäße sind in jedem Segment durch eine Querverbindung miteinander verbunden.

Blut

Das Blut, das genauso wie das menschliche Blut rot gefärbt ist, fließt im Bauchgefäß von vorne nach hinten und versorgt den Wurmkörper mit Sauerstoff und Nährstoffen. Im Rückengefäß wird das verbrauchte Blut gesammelt und durch kontraktile (zusammenziehende) Bewegungen der Gefäßmuskeln nach vorne transportiert. Eingebaute Klappen verhindern ein Rückströmen. Im Vorderkörper befinden sich 5 Paar »Herzen«. Es sind große, bauchwärts ziehende Adern, die besonders muskulös sind und durch rhythmische Kontraktionen für den Blutstrom sorgen. Sie sind ebenfalls mit Ventilklappen ausgerüstet.

Hautatmung

Regenwürmer besitzen keine Lungen oder Kiemen zum Atmen. Die Sauerstoffaufnahme erfolgt über die gesamte

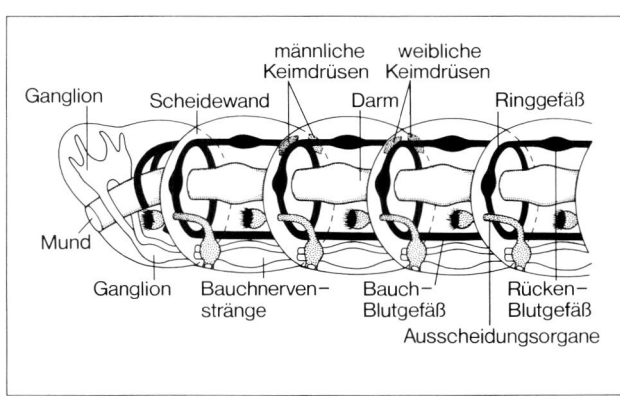

Schematische Darstellung von Regenwurmsegmenten mit inneren Organen.

Unten: Oberflächenbewohnende Regenwürmer (L. rubellus) besitzen eine rote Schutzfärbung. Mineralbodenbewohner, die kaum an die Oberfläche kommen, sind bleich.

Körperoberfläche durch Hautatmung, die es ihnen erlaubt, den im Wasser gelösten Sauerstoff direkt aufzunehmen. Regenwürmer müssen daher ihre Haut immer feucht halten. Dies geschieht vor allem durch Ausscheiden von Körperflüssigkeit aus speziellen »Rückenporen« und zum Teil durch Ausscheidungen der Nierenorgane.

Bringt man einen Regenwurm aus seiner geschützten Röhre an die trockene Luft, so wird er durch Einschleimen versuchen, sich vor dem Tod durch Austrocknung bzw. zu starker UV-Strahlung zu schützen.

Pigmentierung

Ein weiterer Schutz gegen die tödliche UV-Strahlung ist die Pigmentierung, vor allem bei oberflächenbewohnenden Regenwürmern. Rotbraune, bläuliche oder grünlich gefärbte Würmer haben im Tageslicht größere Überlebenschancen als ihre bleichhäutigen Artgenossen. *Lumbricus rubellus* beispielsweise lebt unter Blättern. Er ist, wie sein Name schon sagt, rötlich-braun und damit dem herbstlichen Fallaub angepaßt. Zusätzlich ist er durch diese Färbung von Beutetieren schlechter zu entdecken.

Fortbewegung

Zusammengehalten wird der Regenwurm durch einen Hautmuskelschlauch aus Längs-, Diagonal- und Ringmuskeln. Der Wurm bewegt sich durch abwechselnde Betätigung der einzelnen Muskelschichten. Die Längsmuskeln verkürzen und verdicken den Wurm bei ihrer Kontraktion, die Ringmuskeln machen ihn dagegen lang und dünn.

Zur Fortbewegung oder um sich in seiner Wohnröhre erfolgreich gegen einen Amselangriff zu verteidigen, dienen ihm 4 Borstenpaare an jedem Segment, mit denen er sich abstützen kann. Diese

Der Regenwurm beim Eingraben. Oben: Die vorderen Segmente werden zusammengezogen und der Bodenspalt erweitert. Unten: Nachschieben des entspannten Vorderkörpers.

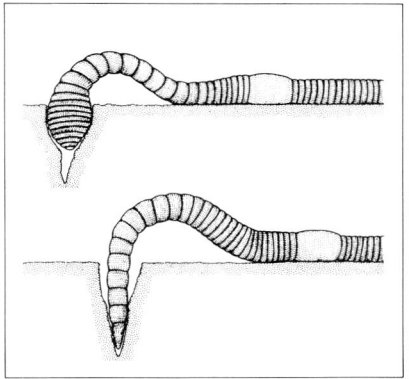

Borstenbündel sind in Taschen versenkbar, um ein schnelles Fortkommen im Boden zu ermöglichen.

Durch das abwechselnde Verdicken und Verdünnen einzelner Körperabschnitte unterscheidet sich die Fortbewegungsweise der Regenwürmer deutlich von den schlängelnden Bewegungen der Fadenwürmer (Nematoden).

Das Vorderende der bodenbewohnenden Würmer ist besonders muskulös und zugespitzt. Deshalb ist der Regenwurm in der Lage, sich durch erhöhten Druck seiner Körperflüssigkeit in kleine Hohlräume zwischen den Erdpartikeln zu bohren. Da die Ringelwürmer kein Skelett besitzen, ist die Körper-, auch Coelom-Flüssigkeit genannt, das Widerlager für die Muskulatur.

Die Borsten werden dabei aus den Taschen herausgeschoben, schräg nach hinten in den Boden gedrückt und sorgen so für den nötigen Schub nach vorne. Hat sich das Vorderende erst einmal in den Boden eingegraben, so sorgen rhythmische Verdickungs- und Verkürzungswellen, die über den ganzen Körper laufen, dafür, daß der restliche Wurmkörper durch den auf diese Weise erweiterten Bodengang nachgezogen werden kann.

Nervensystem, Sinnesorgane

Strickleiternervensystem

Gesteuert werden die Lebensvorgänge durch ein einfaches Strickleiternervensystem.

Es besteht aus 2 eng nebeneinander verlaufenden Hauptsträngen, die in jedem Segment paarige, knotenartige Verdickungen (Ganglien) aufweisen, die miteinander verknüpft sind. Im Gegensatz zu den Wirbeltieren, wo das Nervensystem im Rückenmark liegt, bezeichnen wir das Nervensystem der Würmer als »Bauchmark«, weil es auf der Bauchseite des Tieres unterhalb des Darmes verläuft.

Im 4. Segment vereinigen sich die Bauchmarkstränge zum »Unterschlundganglion«, von dem 2 Arme den Vorderarm umschließen und sich im 3. Segment zum »Oberschlundganglion« (das »Gehirn«) vereinigen. Von hier führen zahlreiche Nerven in den Kopflappen und zum Dach der Mundhöhle, wo vermehrt Sinneszellen konzentriert sind, deren Informationen auf diese Weise schnell zum »Gehirn« gelangen können.

Sinnesorgane

Regenwürmer besitzen keine Augen und Ohren. Trotzdem können sie auf Licht und Schall reagieren und sich im Boden gezielt orientieren. Sie tun dies mit Hilfe besonderer Sinnesorgane für den Druck- und Tastsinn und mit Hilfe von Lichtsinneszellen, die vor allem im Vorderbereich des Tierkörpers ver-

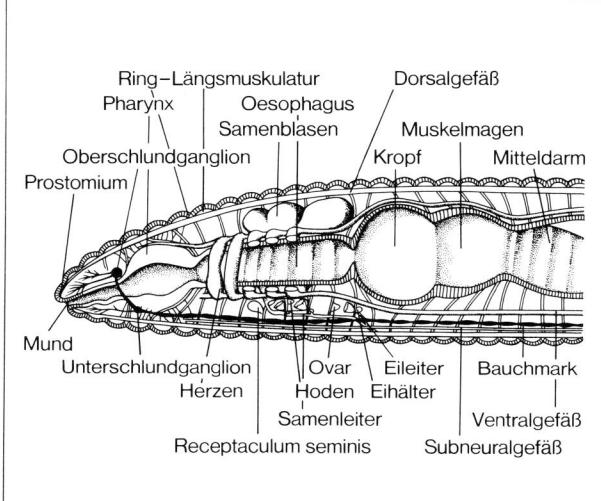

Vorderende eines Regenwurmes mit inneren Organen.

stärkt auftreten. Die Qualität ihrer Umgebung hinsichtlich des Nahrungsangebotes wird durch sogenannte Sinnesknospen für chemische Reize geprüft. So läßt sich erklären, warum Würmer wahre Feinschmecker sind und bestimmte Abfälle und Wurzelausscheidungen mancher Pflanzen bevorzugen, andere wiederum meiden.

Mit dem Drucksinn werden Bodenerschütterungen wahrgenommen. Dies erlaubt den Würmern rechtzeitig, das Graben eines Maulwurfes – ihres Erzfeindes – zu bemerken und sich in Sicherheit zu bringen. Andererseits kann man durch kräftiges Schlagen des Spatenstiels auf den Boden die Regenwürmer herauslocken und als Angelköder verwenden.

Hell und Dunkel unterscheiden die Würmer durch Lichtzellen, die beim Tauwurm in der Kopflappenregion und in den ersten 3 und den letzten 3 Körpersegmenten reichlich vorhanden sind (etwa 120). Besonders empfindlich reagieren Regenwürmer auf Blaulicht (UV-Anteil). Rot wird dagegen nicht wahrgenommen. Ans Tageslicht befördert, sterben Würmer rasch ab, am schnellsten die schwachpigmentierten. Durch Belichtung erhöht sich ihr Sauerstoffbedarf sehr. Die Tiere geraten in Atemnot, werden gelähmt und sterben. Bei künstlichem Rotlicht, bei trübem und nebligem Wetter oder bei Mondschein verlassen die Würmer ihre Gänge und kommen zum Fressen oder zur Paarung an die Oberfläche.

Im Labor setzt man zur Beobachtung der Lebensgewohnheiten von Regenwürmern Infrarotlampen ein. Kanadische Angelködersammler fangen auf die gleiche Weise nachts auf Golfplätzen Tausende an die Oberfläche gekommener Tauwürmer ab, um sie gewinnbringend zu verkaufen.

Der Regenwurmkot wird in typischen Häufchen abgesetzt. Er ist nährstoffreicher als die umgebende Erde.

Ernährung, Verdauung

Tote organische Substanz

Die Nahrung der Würmer besteht hauptsächlich aus toter pflanzlicher Substanz. Sie verwerten die darin enthaltenen Kohlehydrate und Eiweiße. Das Material muß jedoch stark wasserhaltig und schon von Mikroben angedaut sein. Solchermaßen angerottete und erweichte Pflanzenabfälle werden durch saugend-schlingende Bewegungen des Mundes und des stark muskulösen Schlundes aufgenommen. Durch die starken Muskeln im Schlundkopf ist z. B. der Tauwurm in der Lage, Blätter oder Gräser fest anzusaugen und in seine Wohnröhre zu ziehen. Dort wird das Material mit Drüsensekret befeuchtet und von Mikroben zersetzt, bis es für den Wurm als Futter verwendbar wird.

Sind keine Blätter, Halme, Rindenstücke, Haare oder Federn vorhanden, so wird vor allem nachts und nach Regen die noch feuchte Bodenoberfläche um die Wohnröhren herum abgeweidet. Auf dem Boden hat sich für das menschliche Auge unsichtbar ein Bakterien- und Algenrasen entwickelt. Beim Abweiden bleibt der Wurm mit seinem Hinterende in der Röhre verankert.

Auch beim Hindurchfressen durch den Boden werden mineralische Partikel, tierische und pflanzliche Abfallstoffe, Humusstoffe, aber auch Bakterien, Algen und Pilze durch Saug-Pump-Bewegungen aufgenommen.

Regenwürmer haben keine Zähne und können deshalb auch keine Pflanzenwurzeln anfressen, wenn sie einmal mit der Erde in einen Blumentopf geraten sind.

Magen

Die aufgenommenen Nahrungsteilchen gelangen vom Schlund durch die Speiseröhre in den Vormagen (Oesophagus, Drüsenmagen), wo sie mit Kalzittröpfchen aus den Kalkdrüsen vermischt werden.

Unklar ist noch, ob dieser Kalk bei der Abstumpfung saurer Nahrung, zur Neutralisation der Umgebung in z.B. sauren Waldböden, oder zur Regulierung des pH im Blut Verwendung findet. (Bikarbonat bindet Kohlensäure und macht das Hämoglobin für die Sauerstoffaufnahme wieder frei.) Besonders wichtig ist dies bei Arten, die in Komposten, in der Laubstreu oder in tiefen Bodenschichten leben, wo der CO_2-Gehalt der Luft wesentlich höher ist als in der freien Atmosphäre. Es ist

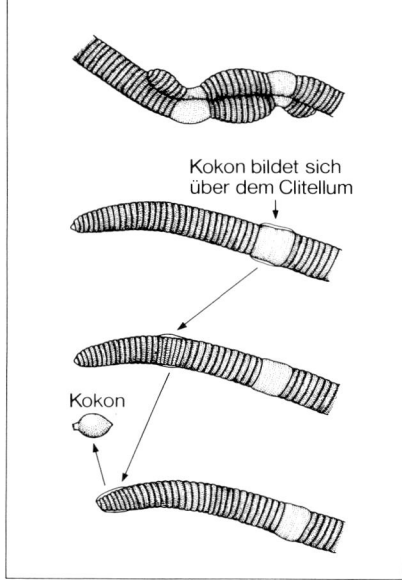

Links: Paarung und verschiedene Stadien der Kokonbildung bei Lumbriciden.

Rechts: Kokonformen verschiedener Wurmarten.

wohl anzunehmen, daß Regenwürmer ihre Kalkdrüsen für alle 3 Funktionen einsetzen.

Aus dem Vormagen gelangt der Nahrungsbrei in den Muskelmagen, der angefüllt ist mit kleinsten Steinchen. Hier wird die organische Substanz mit den anorganischen Mineralteilchen vermengt. Dies führt zu den bekannten Ton-Humus-Komplexen, über die noch ausführlicher auf den Seiten 45 und 107 berichtet wird.

Darm

Im Darm erfolgt schließlich die chemische Zersetzung und die Aufnahme in den Körper. Eine rinnenförmige Einfaltung in der oberen Darmwand (Typhlosolis) dient zur Vergrößerung der resorbierenden (aufnehmenden) Oberfläche. Interessant ist die Tatsache, daß sich Mikroorganismen im Regenwurmdarm besonders gut vermehren können

und mit dem Kot abgegeben werden (Ruschmann 1953/54).

Losung

Die krümelige Losung (Kot) wird im Boden in Höhlungen oder oberflächlich in typischen Häufchen (bis 5 cm hoch) abgelegt. Durch die Verdauungstätigkeit werden gleichzeitig Nährstoffe konzentriert und pflanzenverfügbar gemacht. Die abgesetzten Häufchen sind nährstoffreicher als die umgebende Erde. Aus dem gleichen Grund wachsen Pflanzenwurzeln bevorzugt in verlassenen Wurmgängen, weil Regenwürmer die Exkremente auch zum Austapezieren der Gänge verwenden.

Fortpflanzung

Regenwürmer sind wie alle Oligochaeten (»Borstenwürmer«) Zwitter, d. h. sie besitzen sowohl männliche (♂) als auch weibliche (♀) Geschlechtsorgane und erzeugen demgemäß Eizellen und Samen. Trotzdem erfolgt keine Selbstbefruchtung, sondern es wird ein Partner benötigt, dem bei der Kopulation die eigenen Samenzellen übertragen werden.

Keimdrüsen

Die männlichen Keimdrüsen, die Hoden, sind zu 2 Paaren in den Segmenten 10 und 11 vorhanden. Der Samen wird in Samenblasen gebildet und bis zur Paarung darin aufbewahrt. Über einen Samentrichter gelangt er bei der Paarung in den Samenleiter. Beide Samenleiter vereinigen sich und münden im

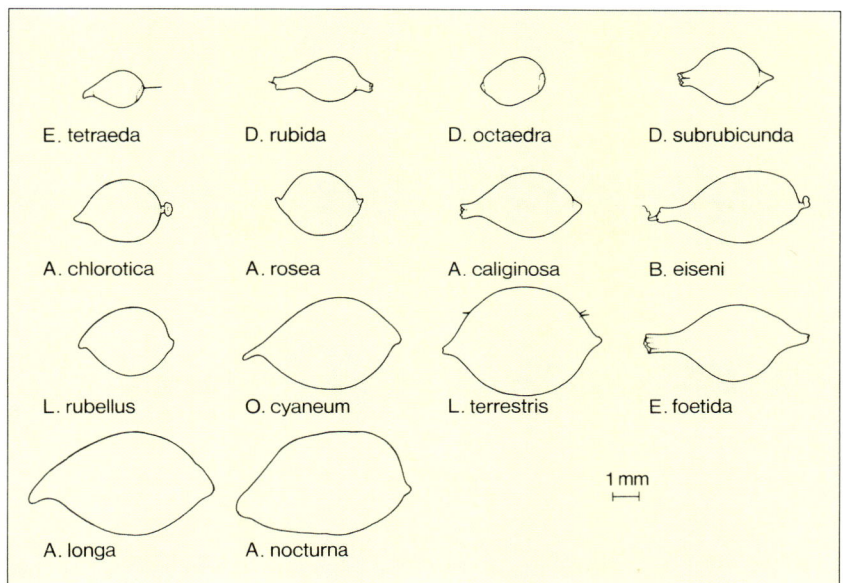

15. Segment durch den männlichen Porus nach außen, wo er über die Spermarinne zu den Samentaschen des Partners geleitet wird.

Die weiblichen Keimdrüsen, die Eierstöcke (Ovarien), sind nur einfach vorhanden und liegen im 13. Segment. Durch einen Eitrichter gelangen die Eier im 14. Segment durch die weibliche Geschlechtsöffnung nach außen.

Paarung

Paarungswillige Tiere kommen nachts oder in der Dämmerung aus ihren Röhren, suchen einen Partner und beginnen mit einer Art »Vorspiel«. Die Tiere betasten sich gegenseitig mit ausgestrecktem Kopfende und konzentrieren diese Bewegungen schließlich auf die Bauchseiten ihrer Vorderkörper. Es entsteht eine durchgehende Längsgrube bis zum Gürtelbereich und der vorher drehrunde Querschnitt der Wurmkörper nimmt einen bohnenförmigen Umriß an. Nun legen sich die Tiere in entgegengesetzter Richtung mit den Bauchseiten eng aneinander und werden in dieser Position durch klebrige Sekrete festgehalten.

In der Region zwischen den Segmenten 30 bis 35 kommt es zu einer Verdickung, die den Wurmkörper umgibt (Clitellum). Zwischen den beiden Gürteln wird nun jeweils von beiden Partnern aus den männlichen Geschlechtsöffnungen im 15. Segment Samenflüssigkeit ausgestoßen und schwanzwärts in der Samenrinne zu den Samentaschen des anderen Partners transportiert. Diesen Vorgang kann man mit bloßem Auge erkennen. Ist der Samenaustausch erfolgt, trennen sich die Tiere wieder.

Kokon

Später, wenn die Umweltbedingungen günstig sind, wird in der Gürtelregion erneut Schleim gebildet, der sich zu ei-

Bei der Paarung werden die Vorderkörper eng aneinandergeschmiegt. In der Gürtelregion erfolgt der Samenaustausch.

nem Ring schließt und erhärtet. So entsteht der »Kokon«. In ihn werden die Eier und Samen abgelegt. Bevor es dazu kommt, pressen spezielle Klitellardrüsen eine Nährflüssigkeit in diesen Eiweißring. Das ist notwendig, da die Wurmeier klein und dotterarm sind und der Kokon die gleiche Aufgabe übernimmt, wie Eiweiß und Dotter beim Vogelei.

Nun versucht der Regenwurm sich dieses Kokons zu entledigen. Er bewegt sich dazu rückwärts, so daß der Eiweißring kopfwärts wandert. Beim Passieren der weiblichen Öffnung im 14. Segment werden eigene Eier ausgestoßen und im 9. bis 11. Segment trifft das fremde Sperma aus den Samentaschen hinzu: Der Wurm schlüpft nun vollends aus dem Ring, die elastischen Enden des Eiweißringes schließen sich und der Kokon ist fertig. Zwischen den eingeschlossenen Samen und Eizellen findet nun die Befruchtung statt. Die Kokons sind leicht an ihrer Form – wie eine Zitrone – und ihrer hellbraun-grünlichen Färbung zu erkennen.

Entwicklung

Bei den meisten Regenwurmarten schlüpft nur ein Jungtier pro Kokon. Nur beim roten Kompostwurm (*Eisenia foetida*) treten stets Mehrlinge auf.

1 bis 4 Generationen

Während die im Boden lebenden Regenwürmer nur eine Generation pro Jahr hervorbringen, können z. B. bei *Eisenia foetida* bei ausreichender Feuchtigkeit und hohen Temperaturen bis zu 4 Generationen im Jahr geschlechtsreif werden. Überhaupt ist der Mistwurm (Kompostwurm) besonders produktiv. Schon 3 Wochen nach Kokonablage schlüpfen die Jungtiere und 9 Wochen später sind sie geschlechtsreif. Man erkennt die Geschlechtsreife an der deutlichen Verdickung am Ende des ersten Körperdrittels, dem Clitellum. Trifft der Wurm nun auf einen Partner, kann eine Kopulation erfolgen und der Kreislauf ist geschlossen.

Anzahl Kokons

Mit etwa 140 Kokons pro Tier und Jahr weist er auch die höchste Kokonzahl unter den heimischen Regenwürmern auf. Da zudem im Durchschnitt 2 bis 3 Eier aus einem Kokon zur Entwicklung gelangen, ist beim Mistwurm mit einer Nachkommenschaft von rund 350 Tie-

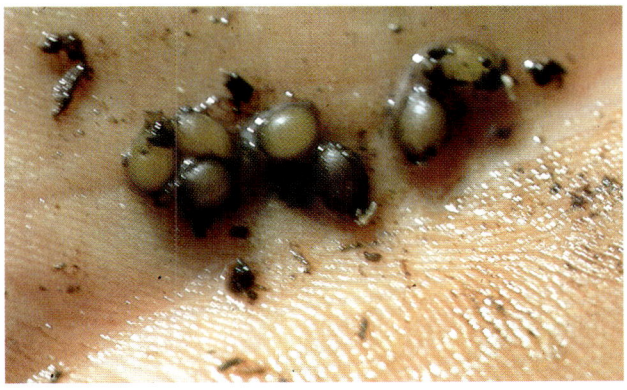

Eikokons von Eisenia foetida. Es schlüpfen stets mehrere Jungtiere aus einem Kokon.

ren in der ersten Generation zu rechnen, ohne Berücksichtigung der Verluste durch Feinde und Umwelteinflüsse. Demgegenüber produzieren die meisten Arten der Gattungen *Allolobophora* und *Lumbricus* zwischen 20 und 90 Kokons mit maximal einem schlüpfreifen Tier. Die Brutzeit beträgt 7 bis 12 Wochen und die Jugendzeit bis zur Geschlechtsreife 30 bis 50 Wochen.

Lebenserwartung

Über die Lebenserwartung der Regenwürmer liegen unterschiedliche Erkenntnisse vor. In Laborversuchen sind einzelne Tiere über 10 Jahre alt geworden. Graff (1983) rechnet jedoch damit, daß unter normalen Freilandbedingungen das Durchschnittsalter etwa 2 Jahre beträgt.

Allgemein kann angemerkt werden, daß große Arten länger leben als kleine. Zum einen, weil größere Würmer bis zu 2 m tiefe Gänge graben, in die die Kälte nicht hinunterreicht, während kleine Würmer in den obersten 25 cm leben und bei langanhaltender Kälte erfrieren.

Zum anderen kommen große Würmer auch dadurch zustande, daß unter schlechten Ernährungsbedingungen in der Jugendzeit die Geschlechtsreife verspätet eintritt, so daß die Wachstumsperiode verlängert wird. (Normalerweise ist mit dem Erlangen der Geschlechtsreife die Größen- und Gewichtszunahme der Regenwürmer abgeschlossen!) Dadurch kann es zu der Erscheinung kommen, daß in sehr schlechten Böden besonders große Regenwürmer zu finden sind, dafür aber nur in sehr geringer Zahl.

Diapause

Regenwürmer sind wechselwarme Tiere, d. h. ihre Körpertemperatur paßt sich der Umgebung an. Ist es warm, sind sie lebendiger und schneller in ihren Bewegungen. Ist es dagegen kalt, werden ihre Bewegungen langsamer und ihre Körperfunktionen auf ein Minimum reduziert.

Die Abhängigkeit von der Außentemperatur hat Konsequenzen für den Lebensrhythmus dieser Tiere. Sowohl im Winter bei niedrigen Temperaturen, als auch im Sommer bei zu hohen Temperaturen, oft mit zusätzlicher Austrocknung der oberen Bodenschichten verbunden, lassen sich zwei Zeiten der ein-

Ein Regenwurm während der Sommer- oder Winterruhe.

geschränkten Lebenstätigkeit erkennen (Diapausen).

Starre

Während der Kälte- bzw. Trockenstarre ziehen sich die Tiere in selbstgebaute mit Sekreten ausgestatteten Höhlungen zurück. Als erstes wird die Nahrungsaufnahme eingestellt, dann wird der Darm vollständig entleert und damit die Höhlenwandung austapeziert. Danach gehen die Würmer in das »Knotenstadium« über. Der Körper wird in 2 bis 3 Spiralen übereinander gelegt und das Vorderende in der Mitte von oben nach unten hineingesteckt.

Anschließend versinken sie in einen tiefen Starrezustand. So können sie lange Wintermonate und starke Hitze- und Trockenperioden überstehen. Sie verlieren dabei aber bis zu 50% ihres Gewichtes. Ab 80% Gewichtsverlust tritt jedoch der Tod ein.

Regeneration

Immer wieder liest und hört man von einem unglaublichen Regenerationsvermögen der Regenwürmer, z.B. daß sie in der Lage seien, wenn man sie durchschneide, aus jedem Teil einen neuen Wurm zu bilden. Diese Aussage ist auch in Kinderbüchern zu lesen, was dem Respekt vor der Kreatur sicherlich nicht förderlich ist. Wenn dem so wäre, müßten sich die wenigen noch in unseren Äckern verbliebenen Regenwürmer durch das dauernde Zerschneiden mit dem Pflug explosionsartig vermehren!

(Man kann keinen Wurm in zwei Teile zerschneiden und erwarten, daß sich aus jedem Teil ein neuer Regenwurm bildet.) Nur das Vorderteil, einschließlich Clittelum, kann den hinteren Teil ersetzen. Alle anderen Teile sterben ab, nicht zuletzt weil sie keine Nahrung mehr zu sich nehmen können. Aber auch das angeschnittenen Vorderende kann natürlich an einer Wundinfektion zugrunde gehen.

Massenwanderung

Nach nächtlichen Dauerniederschlägen sieht man, besonders im Frühjahr, frühmorgens auf asphaltierten Straßen und Wegen Regenwürmer in großer Zahl herumkriechen. Mit zunehmendem Tag und bei klarem Himmel verenden sie bald. Bei trüben Wetter bleiben sie einige Stunden am Leben.

Drei Ursachen

Drei Ursachen für dieses Verhalten werden von der Fachwelt diskutiert:
1. »Sozialer Streß«, d.h. zu hohe Besatzdichte, führt zu einem Populationsdruck, dem viele gesunde und kräftige Tiere bei »passender Gelegenheit« – nämlich Dunkelheit und Feuchtigkeit –

Regenwurmspuren
auf dem Boden.

durch Massenwanderung entgehen. Über asphaltierte Straßen läßt sich schneller vorwärtskommen, als um Grasbüschel herum. Leider kann man sich bei Sonneneinstrahlung darin nicht einbohren, so daß Tausende von Regenwürmern sterben.

2. Das warme einsickernde Regenwasser hat weniger gelösten Sauerstoff und verliert zudem durch mikrobiologische Vorgänge noch weiter an Sauerstoff. Die Würmer geraten in Atemnot und kriechen an die Oberfläche.

3. Berührungsreize sind für die Orientierung der Würmer in ihren Gängen von großer Wichtigkeit. Sind die Gänge wassergefüllt, so werden die Bodenteilchen beweglich. Die Tiere geraten in Panik und versuchen in ähnlicher Weise zu entkommen, wie nach Bodenerschütterungen durch Freßfeinde oder kleinen Erdbeben.

Welches letztendlich der ausschlaggebende Faktor für dieses Verhalten darstellt, läßt sich schwer abschätzen. Eines kann man aber mit Bestimmtheit sagen: Regenwürmer können nicht ertrinken! Sie haben keine Lungen! Nicht das eindringende Wasser als solches, sondern die damit verbundene »günstige Gelegenheit«, »mangelnder Sauerstoff« oder vermehrte »Erschütterungsreize« sind für das Herauskommen verantwortlich.

Verbreitung

Außer in den vegetationslosen Wüsten und Polargebieten, die vom ewigen Eis bedeckt sind, kommen Regenwürmer in fast allen Böden der Erde vor.

Erdgeschichte

Die heutigen Regenwürmer haben sich aus wasserbewohnenden Vorfahren entwickelt. Sie konnten aber erst Bodenbewohner werden, nachdem sich durch das Wechselspiel von Vegetation, Klima und Urgestein Boden gebildet hat. Da sich Regenwürmer hauptsächlich von toter pflanzlicher Substanz ernähren, setzte ihre Entwicklung auch erst mit dem Auftreten von Pflanzen ein.

Man datiert die Entstehung der heutigen Regenwurmfamilien und -gattungen auf das Mesozoikum – vor etwa 200 Mio. Jahre – zurück. Ihre Hauptentwicklung dürften sie wohl mit dem Auftreten der Blütenpflanzen vor etwa 100 Mio. Jahren erfahren haben. Die Entwicklung der Hauptgruppen der Blütenpflanzen erfolgte im Verlauf der Kreidezeit vor 135 bis 65 Mio. Jahren. Ebenso wie Regenwürmer kommen Blütenpflanzen überall, außer in absoluter Kälte- und Trockenwüsten, vor.

Geographische Verbreitung

Vor etwa 100 Mio. Jahren war das im Jura einsetzende Auseinanderdriften der Kontinentalmassen noch nicht allzuweit fortgeschritten, so daß wir heute die gleichen Regenwurmgattungen sowohl im östlichen Nordamerika, als auch in Europa und solche aus Mittelamerika auch in Afrika finden.

Die von Wegener begründete Theorie der Kontinentenverschiebung besagt stark vereinfacht, daß die Kontinente auf dem flüssigen Kern der Erde »schwimmen« und daher beweglich sind. Ursprünglich bildeten Europa und Nordamerika zusammen mit Afrika und Südamerika eine einheitliche Landmasse. Die Trennung von Afrika und Südamerika erfolgte vor etwa 90 Mio. Jahren, die von Europa und Nordamerika erst viel später im Tertiär.

Während der diluvialen Eiszeiten in Mitteleuropa mußten sich die Regenwürmer in eisfreie Zonen zurückziehen, von wo sie den Norden wieder besiedeln konnten. Indiz dafür ist, daß südlich der Grenze der letzten Vereisung wesentlich mehr Lumbriciden-(Regenwurm-)Arten vorkommen als nördlich davon.

Auch der Mensch hat zur Verbreitung der Regenwürmer beigetragen. Bei der Besiedlung Nordamerikas und der Südkontinente durch die Europäer wurden viele europäische Regenwürmer weltweit in gemäßigte Klimagebiete verschleppt. Schon die Bauern der Jungsteinzeit haben durch Eingriffe in die Landschaft – Rodung und anschließender Ackerbau – bestimmte Regenwurm-Arten verdrängt, andere gefördert.

Verbreitung im Boden

Neben der geographischen Verbreitung der Regenwürmer gibt es noch eine vertikale Verbreitung im Boden selbst. In der Waldstreu leben meist kleinere *Dendrobaena*- und *Lumbricus*-Arten, im mineralreichen Unterboden eher mittelgroße Arten. In Ackerböden und unter Wiesen leben kleinere und junge Tiere direkt an der Oberfläche (mehr Nahrung, weniger Kraftanstrengung), ältere und kräftigere Tiere in der unteren Hälfte der Krume. Die ganz großen Arten, z. B. der Tauwurm (*Lumbricus terrestris*) oder *Allolobophora longa* haben Wohnröhren die bis zu 3 m im Lehmboden oder gar 7 m im Löß (Kaiserstuhl) hinabreichen.

In den Alpen wurden Regenwurmarten der Gattung *Dendrobaena* bis in 3000 m Höhe gefunden.

Intelligenz

Ausgestattet mit einem nur sehr winzigen Gehirn – eigentlich nur ein dickerer Nervenknoten – müssen wir Regenwürmern eine Intelligenz in unserem Sinne absprechen. Trotzdem zeichnet sich der Regenwurm durch ein gewisses Lernvermögen aus. Nur läßt sich bis heute nicht eindeutig festlegen, ob dies durch kombinierende Intelligenz oder allein durch Instinkt zustandekommt.

Beobachtungen von Darwin

Schon Charles Darwin faszinierte die Fähigkeit des Regenwurmes, Blätter verschiedenster Art und Gestalt in ihre Röhren zu ziehen. Er stellte fest, daß 80% mit der Spitze, 11% mit dem Mittelteil und 9% mit dem Blattstiel eingezogen wurden, d.h., die Würmer wählten aus, wie die Blätter einzuziehen waren. Lernen durch Erfahrung, Versuch und Irrtum oder Instikt? Nun gab Darwin ihnen kein einheimisches Blattmaterial zu fressen, sondern für Regenwürmer fremde Rhododendronblätter. Ergebnis: Die Prozentzahlen drehten sich gerade um. 73% der Fremdblätter wurden mit dem Blattstiel und 27% mit der Spitze eingezogen, aber keines mit dem

23

Mittelteil. Darwin schloß daraus, daß Regenwürmer auf einer »Versuch- und Irrtum-Basis« arbeiten, was eine gewisse Intelligenz vermuten läßt. Charles Darwin schlußfolgert: »Wenn die Würmer das Vermögen haben, irgendeine, wenn auch noch so rohe Vorstellung von der Gestalt eines Gegenstandes und ihrer Höhlen zu erlangen, wie es der Fall zu sein scheint, so verdienen sie intelligent genannt zu werden.«

Seither haben Forscher immer wieder versucht die »Intelligenz« der Regenwürmer bzw. deren Lernvermögen zu testen. Meistens mußten die Würmer dabei durch ein T- oder Y-förmiges Rohr kriechen. In einem der Arme erhielten die Versuchstiere einen Reiz (elektrischer Schlag, scharfkantige Unterlage, Salze). Die Würmer lernten den Arm des Rohres zu benutzen, der frei von solchen Reizen war.

Schreckstoffe

Später fand man jedoch heraus, daß sie bei Reizung einen Schleim absondern, der ein sogenanntes Alarm-Pheromon, einen Schreckstoff, enthält. Nachfolgende Arten schrecken vor der Schleimspur des gereizten Tieres zurück, sogar noch nach Monaten. Die Frage nach der Intelligenz bleibt daher noch unbeantwortet.

Diese Alarm-Pheromone sind auch dafür verantwortlich, daß verschiedene Würmer als Angelköder von einigen Fischen nicht angenommen werden. Beim Aufstecken auf den Haken sondern sie diesen Schleim aus, der auch auf Fische noch abschreckend wirken kann.

Verteidigungsmechanismen

Regenwürmer sind so ziemlich die wehrlosesten Kreaturen auf der Erde. Sie besitzen weder Schnelligkeit, Sprung- oder Flugvermögen, Giftdrüsen oder Tarnung, noch sind sie besonders kräftig.

Trotzdem hat sie die Natur nicht völlig im Stich gelassen. Ihren besten Schutz stellt der Boden dar, in dem sie leben. Nur wenige Tiere dringen in den Boden ein oder machen sich die Mühe, auf der Oberfläche nach Nahrhaftem, wie Regenwürmern, zu suchen.

Sein zweiter Schutz ist sein Vermögen auch extrem schwache Erschütterungen wahrnehmen und damit rechtzeitig fliehen zu können.

Wird er einmal doch in seiner Röhre gepackt, so kann er sich mit Hilfe seiner Borsten und starker Muskelanspannung so stark verankern, daß er eher in Stücke reißt, als sich zu lösen. Das Stück, das vom Hinterende abreißt, wird regeneriert.

Das hohe Regenerationsvermögen ist ein weiterer Schutzmechanismus im Kampf ums Überleben.

Erwähnt seien auch noch das Absondern von übelriechender Körperflüssigkeit bzw. Schleims mit darin enthaltenen Schreckstoffen, die potentiellen Feinden den Appetit am Wurm vergällen.

Systematik

Systematisch gehören die Regenwürmer in das Unterreich der Gliedertiere und zum Stamm der Ringelwürmer.

Einteilung

Die Ringelwürmer werden in 2 Klassen eingeteilt:
- Meist meeresbewohnende »Vielborster« (Polychaeta). Dazu gehören z. B. der Sandwattwurm *(Arenicola marina)*.
- »Gürtelwürmer« (Clitellata) mit den »Wenigborstern« (Oligochaeta); hierher gehören unsere Regenwürmer und der Egel (Hirudinea).

Unterreich:
Articulata (Gliedertiere, 826 000 Arten)
Stamm:
Annelida (Ringelwürmer, 8 700 Arten)
Klasse:
a) Polychaeta (Vielborster, 5 300 Arten)
b) Clitellata (Gürtelwürmer 3 400 Arten)
Ordnung:
Oligochaeta (Wenigborster) und Hirudinea (Egel)

Die 39 in Deutschland vorkommenden Regenwurm-Arten gehören alle in die Familie der Lumbricidae und umfassen 6 Gattungen:

Gattung *Lumbricus* (8 Arten):
L. badensis
L. castaneus
L. festivus
L. friendi
L. polyphemus
L. pusillus
L. rubellus
L. terrestris

Gattung *Allolobophora* (14 Arten):
A. antipae
A. caliginosa
A. chlorotica
A. cupulifera
A. diomedea
A. handlirschi
A. icterica
A. jenensis
A. limicola
A. longa
A. minuscula
A. oculata
A. rosea
A. smaragdina

Gattung *Eisenia* (4 Arten):
E. foetida foetida
E. foetida andréi
E. eiseni
E. veneta

Gattung *Eiseniella* (1 Art):
E. tetraedra

Gattung *Dendrobaena* (9 Arten):
D. attemsi
D. austriaca
D. illyrica
D. octaedra
D. platyura
D. pygmaea
D. rubida
D. subrubicunda
D. tenuis

Gattung *Octolasium* (3 Arten):
O. croaticum
O. cyaneum
O. lacteum

Bestimmungsschlüssel

Für den Praktiker und Anfänger sei hier noch ein Bestimmungsschlüssel für die

Körperoberfläche besonders am Rücken rotpigmentiert	1
Körperfläche andersfarbig oder unpigmentiert	2
1 weitgepaarte oder getrennte Borsten	*Dendrobaena*
enge Borstenstellung	3
2 weitgepaarte oder getrennte Borsten	*Octolasium*
enge Borstenstellung	4
3 helle gelbe Furchen zwischen den Ringeln, Schleimabsonderung intensiv gelb, Kopf epilob	*Eisenia*
Furchen nicht gelb, Schleim farblos, Kopf stets tanylob, Schwanzende spatelförmig abgeplattet	*Lumbricus*
4 männlicher Porus am 13. Segment, kleine, olivgrüne, bis 40 mm lange Würmchen, meist nur am Spülsaum von Gewässern	*Eiseniella*
männlicher Porus am 15. Segment	*Allolobophora*

sechs Gattungen aufgeführt (Pop 1940/41) (s. oben).

Für weitergehend interessierte Leser sei auf den Bestimmungsschlüssel von Wilcke (1968) hingewiesen.

Wichtige Arten

Für Gärtner, Landwirte, Angler oder Züchter sind von den 39 Arten nur etwa 8 von Interesse. Für einige von ihnen soll hier deshalb ein kurzer Steckbrief gegeben werden.

Lumbricus terrestris (Tauwurm, Aalwurm). Diese Art stellt den größten Vertreter. Er wird 12 bis 30 cm groß und ist von kräftiger Gestalt. Das Vorderende ist oft rötlich pigmentiert, während das Hinterende blaß bleibt. Man findet Tauwürmer häufig in Wiesen, Gärten und Obstbaumkulturen. Wie der Name schon sagt, kommt er nur nachts und in den frühen Morgenstunden bei Tau an die Oberfläche, um zu fressen, Losung abzusetzen und zu kopulieren.

L. terrestri ist eine tiefgrabende Art und geht bis zu 3 m und mehr in den Unterboden. Durch die Durchmischung des Mineralbodens mit der organischen Masse führt der Tauwurm den Wurzeln Nährstoffe zu und ist daher ein großer Wohltäter für Landwirtschaft und Kleingärtner.

Allolobophora caliginosa (Gemeiner Regenwurm, Feld- oder Wiesenwurm). Sie sind kleiner und schlanker als der Tauwurm, werden etwa 5 bis 20 cm groß und sind in großer Zahl im Frühjahr beim Umspaten im Garten oder Pflügen auf dem Feld zu finden. Die gräulichen Feldwürmer sind zahlreicher als die Tauwürmer. Sie kommen im Gegensatz zu den Tauwürmern nie an die Oberfläche, legen ihre Losung aber auch nahe der Oberfläche, aber niemals auf der Oberfläche ab.

Sie pflügen aber letztlich mehr Erde um als Tauwürmer. Sie leben hauptsächlich im Wurzelbereich der Pflanzen, gehen aber auch bis in den Mine-

Oben: Die Kompostwürmer (E. foetida) produzieren eine hervorragende Wurmerde. Unten: Der Regenwurm ist vom Kompostwurm leicht zu unterscheiden. Er wird ebenfalls gern zur Zucht verwendet.

ralboden hinab. Auch sie stellen durch ihre Lebensweise eine Bereicherung landwirtschaftlicher und gärtnerischer Böden dar.

Eisenia foetida (Mist- oder Kompostwurm, Tennessey-Wiggler, Roter Kalifornier usw.). Diese Art aus der Lumbricidenfamilie wird nur etwa 4 bis 14 cm groß und kann ohne ausreichende Mengen von organischem Material nicht überleben. Man findet ihn deshalb auch nur in Mist und Komposthaufen und nicht im normalen Garten- oder Ackerboden.

Man erkennt Mistwürmer leicht an ihrer roten bis rosaroten Färbung den hellen nahezu gelben Ringen. Sie werden gern zur Zucht und zur Kompostierung benutzt, haben aber als Angelköder den Nachteil, daß sie schlecht riechen.

Lumbricus rubellus (Rotwurm). Er ist von durchgehend roter Färbung und daher vom Mistwurm leicht zu unterscheiden. Er lebt unmittelbar an der Oberfläche unter Blättern versteckt; er ist reaktionsschnell und wird höchstens 12 cm lang. Er ist wenig muskulös, da er sich nicht durch tiefere schwere Böden bewegen muß. Er wird auch gern – eigentlich lieber als *E. foetida* – zur Zucht genommen, weil er ebenso wie der Kompostwurm organisches Material in großen Mengen frißt und kompostiert, und weil er sich besser als Angelköder eignet, da er nicht stinkt.

In Amerika sind noch *Pheretima* (Sumpfwurm) und *Eudrilus eugenia* bekannt und von gewisser Bedeutung. Auf sie soll hier aber nicht näher eingegangen werden.

Geschichte

Nicht erst in jüngster Zeit ist man sich der Folgen falscher Bodenbearbeitung, von Waldrodung und Monokulturen und der damit verbundenen Bodenerosion bewußt. Schon Platon (427–347 v. Chr.) hat darüber berichtet: »Einst, als es noch Wälder gab auf den Bergen Attikas, nahm die reichliche Erdschicht Wasser auf und bewahrte es, so daß die eingesogene Menge sich ganz allmählich von den Höhen aus verteilte und Quellen speiste; aber nun ist die fette und weiche Erde herausgeschwemmt und allein das magere Gerippe des Landes noch vorhanden – gleichsam nur das Knochengerüst eines durch Krankheit angegriffenen Leibes«.

Griechenland

Welche Bedeutung die alten Griechen den Regenwürmern als Bodenverbesserer und Fruchtbarkeitsgaranten beimaßen, geht aus einem Zitat Aristoteles (384–322 v. Chr.), einem Schüler Platon's hervor. Er nannte die Regenwürmer die »Eingeweide der Erde«.

Asien

Noch viel älter sind die Überlieferungen einer organischen Bodenpflege aus Asien. 4000 v. Chr. kannte man schon eine genaue Klassifizierung des Bodens

nach seiner physikalischen Struktur (Farbe, Textur, Wasserhaltefähigkeit usw.). Man baute nur in kleinen Parzellen an und als Dünger wurden nur mittels einer ausgereiften Technik kompostierte organische Vieh-, Pflanzen und Haushaltsabfälle verwendet. Daran hat sich bis heute nichts Wesentliches geändert.

Trotz einer Bevölkerung von über 1 Mrd. Menschen ist China in der Lage, seine Bevölkerung ohne nennenswerte Lebensmittel-oder Düngemitteleinfuhren ausreichend mit Nahrung zu versorgen. Diese nun schon seit nahezu 6000 Jahren anhaltende dauerhafte Fruchtbarkeit der chinesischen Böden, dürfte nicht zuletzt auch auf ein aktives Bodenleben und hohen Regenwurmbesatz, bedingt durch die dauernde organische Düngung, zurückzuführen sein. Beim hohen Stand der Kompostiertechnik in China ist anzunehmen, daß hier auch mit Wurmkulturen gearbeitet wird.

Ägypten

In Ägypten war man sich der Bedeutung der Regenwürmer ebenfalls bewußt. Obwohl der Nil alljährlich durch seine Überschwemmungen das Land mit nährstoffreichem Schlamm düngte und

Rechts: In Asien soll man schon 4000 v. Chr. die Böden naturgemäß bearbeitet haben.

Links: Falsche Bodenbearbeitung und fehlendes Bodenleben führen zu Erosionsschäden.

Wichtig für eine optimale Regenwurmpopulation ist die Zufuhr von organischem Material, z. B. in Form von Mist.

damit eine dauernde Fruchtbarkeit gewährleistet war, wurden Regenwürmer heilig gesprochen, Cleopatra (69–30 v. Chr.) erließ gar ein Verbot, Regenwürmer außer Landes zu bringen. Für den Nachweis einer direkten Beteiligung der Regenwürmer an der Fruchtbarkeit der Böden liegen aber keine Überlieferungen vor.

Etrusker und Römer

Schon 700 v. Chr. machten die Etrusker Mittelitalien zu einem Musterland der Landwirtschaft. Sie bauten komplizierte Be- und Entwässerungsanlagen und arbeiteten auf der Basis von Mischkulturen und Fruchtwechsel mit Brache. Diese Technik wurde später von den Römern übernommen, von Cato (234–149 v. Chr.) in »De agrica cultura«, von Varro (116–47 v. Chr.) in 3 Bücher über Ackerbau und von Vergil (70–19 v. Chr.) in der »Georgica« schriftlich niedergelegt. Überall ist die Rede von Fruchtwechsel, natürlicher Bodenbedeckung und Kompostzubereitung, alles Voraussetzungen für einen reichen Regenwurmbesatz im Boden. Wir können davon ausgehen, daß sie – die Regenwürmer – einen nicht erheblichen Beitrag zur Ernährung des Römischen Reiches geleistet haben.

Vom Ende des weströmischen Reichs (476 n. Chr.) bis zum Zeitalter Ludwigs XIV. (1638–1715) ist es still um die Beschreibung landwirtschaftlicher Techniken und die Bedeutung des Regenwurms geworden. Zumindest liegen keinerlei schriftliche Überlieferungen aus jener Zeit zu diesen Themen vor.

17. Jahrhundert und später

Im 17. Jahrhundert sprach man im Volksmund noch von »reger Wurm«, was wohl noch am treffendsten seinen Nutzen und seine Leistung für den Boden charakterisiert. Aus dieser Zeit ist auch ein Bericht überliefert, wie man für die Hühner, um Futterkorn zu sparen, Regenwurmkulturen anlegt: »In eine flache Grube legt man vier Finger lang geschnittenes Roggenstroh und darauf einen frischen Roß- oder Rindermist, den deckt man mit Erde ab, darauf gießt man Rinder- oder Geisblut, Weintreber, Hafer, Weizenkleie und mengt alles zusammen. In dieser Vertiefung werden in kurzer Zeit eine unglaubliche Anzahl Würmer erwachsen. Die muß man den Hühnern nicht auf einmal preisgeben, sondern mit Ordnung zu ihrem besseren Nutzen.«

Der englische Landpfarrer und Naturforscher Gilbert White (1720–1793) hatte die bodenverbessernden Eigenschaften der Wurmtätigkeit erkannt: »Ohne die Regenwürmer würde die Erde bald kalt, hart und fast ohne jede Gare und folglich steril werden«, prophezeite er im Jahre 1777.

Etwa zur gleichen Zeit (1774) jedoch empfahl J. W. Hönert in seiner »Gründlichen Anweisung zum Anlegen und Unterhalten eines Wohlbestellten Blumengartens«: »... Regenwürmer sind zu töten, wo man sie findet«. Bis ins 19. Jahrhundert hinein (und unverständlicherweise noch vielerorts bei heutigen Landfrauen) herrschte die Meinung vor, daß Regenwürmer die Pflanzenwurzeln abfräßen: »Diese (die Regenwürmer) zernagen die Wurzeln an den Gewächsen gerne, wenn sie sich daran hangen. Derowegen muß man sie in den Gärten so wenig als nur möglich leiden«.

Aus dieser Epoche stammt auch die bis heute noch nicht ausgerottete Ansicht: »... zerschneidet man einen Regenwurm in mehrere Stücke, jedes Stück lebt und sich fortbewegt, trifft aber eines mit dem anderen zusammen, so wachsen sie wieder aneinander« (Strakkajan 2, 177, Nr. 411).

Heilkunde

Die Einstellung der Bevölkerung in früheren Jahrhunderten war zweispältig und stark vom Aberglauben geprägt. Nach einer Göttinger Dissertation aus dem Jahre 1786 sollten die Regenwürmer im Frühjahr zur Begattungszeit gesammelt werden, wenn sie den Gürtel um den Leib haben. »Die anderen Regenwürmer sind giftig und unrein.«

Pulverisierte Regenwürmer in Kugeln und ins Schießpulver gemischt verliehen, so meinte man, Treffsicherheit. In der damaligen Volksmedizin war der Gebrauch von Regenwürmern gang und gäbe. Sie kamen lebend oder tot, zerhackt oder pulverisiert, frisch oder

Ein aktives Bodenleben ist die Grundlage für gesundes Gemüse.

gedörrt, äußerlich wie innerlich zur Anwendung. Regenwürmer galten als schweißtreibend und schmerzlindernd. Es gab kaum eine Krankheit, gegen die sie nicht helfen sollten. Man benutzte sie, um Fieber zu senken und Zahnschmerzen zu lindern. Alle Arten von Wunden sowie Hals-, Augen- und Ohrenschmerzen wurden ebenso mit Hilfe der Regenwürmer behandelt wie Bauchweh, Gicht und Trunksucht. Auch in der Geburtshilfe erfuhren Regenwürmer zur Einleitung der Wehen und zur Linderung der Schmerzen weite Verbreitung.

Rezepte waren schon bei Plinius (24–79 n. Chr.) nachzulesen. Sowohl aus dem mittelalterlichen Persien und Arabien sind Überlieferungen bekannt, als auch aus Burma oder von den nordamerikanischen Indianern.

Um die Jahrhundertwende fanden japanische Forscher tatsächlich eine antipyretisch (fiebersenkend) wirkende Substanz im Wurmkörper, konnten sie auch isolieren und ihre Wirkung in Tierversuchen bestätigen. 1953 gelang einem deutschen Wissenschaftler der Nachweis, daß der Tauwurm (*Lumbricus terrestris*) ähnlich wie Kröten für Schwangerschaftstests tauglich ist.

Darwins Erkenntnisse

Nachdem in Europa während der Reformationszeit die Ansichten über den Regenwurm recht konfus und größtenteils von Aberglauben bestimmt waren, trat mit dem großen Naturforscher und Begründer der Evolutionstheorie Charles Darwin (1809–1882) die Wende ein.

Mit großer Sorgfalt und naturwissenschaftlicher Gründlichkeit hat er das Wesen und Verhalten der Regenwürmer studiert und seine Erkenntnisse im 1881 erschienenen und vor 3 Jahren neu herausgegebenen Buch »Die Bildung der Ackererde durch die Thätigkeit der Würmer« zusammengefaßt und veröffentlicht. Er schreibt unter anderem: »Würmer bereiten den Boden in einer ausgezeichneten Weise für das Wachsthum der mit Wurzelfasern versehenen Pflanzen und für Sämlinge aller Arten vor. Sie mischen das Ganze innig durcheinander, gleich einem Gärtner, welcher feine Erde für seine ausgesuchten Pflanzen zubereitet. ... sie tragen bedeutend zur Vermehrung der organischen Substanz im Boden durch die erstaunliche Anzahl von halbverfaulten Blättern bei, welche sie bis zu einer Tiefe von zwei bis drei Zoll (1 Zoll = 2,6 cm) in ihre Röhren ziehen.« Aber schon 44 Jahre früher, 1837, hatte er in einem Bericht vor der Geologischen Gesellschaft in London auf die Bedeutung des Humus und dessen Bildung durch Regenwürmer hingewiesen.

Seine Erkenntnisse gerieten aber lange Zeit in Vergessenheit. 3 Gründe sind dafür verantwortlich. Zum ersten war er ein reiner Wissenschaftler, der nie Angaben über mögliche wirtschaftliche Konsequenzen aus seiner Arbeit gemacht hat. Zum zweiten wurde er wegen seiner Evolutionstheorie stark angegriffen und das Regenwurmbuch war eine gute Möglichkeit ihn lächerlich zu machen. Die damaligen Adelskreise und das Bürgertum wollten es nicht wahrhaben, daß man möglichweise von Affen oder gar noch niederen Tieren ab-

stammte. Der dritte und wohl wichtigste Grund, warum man seine Regenwurmbeobachtungen und eine Humus-Theorie nicht sofort wirtschaftlich umsetzte, ist, daß zur selben Zeit (1840) Justus von Liebig (1803–1873) seine Nährsalztheorie der Pflanzenernährung veröffentlichte, auf deren Grundlage später die Produktion der sogenannten Kunstdünger erfolgte.

Justus von Liebig

Bis dahin glaubte man, daß Pflanzen Humus direkt aufnehmen, um zu wachsen. Liebig widerlegte dies, indem er zeigte, daß Pflanzen auch in einer wässerigen Lösung aus verschiedenen Nährstoffen gedeihen können. Da Humus nicht wasserlöslich ist, war er für ihn kein lebensnotwendiger Stoff. Heute wissen wir, daß für ein gesundes Wachstum nicht nur die einzelnen Nährstoffe und Spurenelemente notwendig sind, sondern auch organische Substanz, die nur im Humus vorhanden ist und durch die Regenwürmer und Mikroorganismen pflanzenverfügbar gemacht wird.

Beginn der Wurmzucht

Die Geschichte der eigentlichen Wurmzucht bzw. der wirtschaftlichen Nutzung der Würmer begann in Amerika in den 30iger Jahren. Dr. George Sheffield

In diesem Obstgarten mangelt es sicher nicht an Regenwürmern.

Oliver aus Texas, der Erfinder des Stahlpfluges, las 1906 zufällig Charles Darwin's Buch. Er begann auf seiner eigenen Farm Würmer zu züchten und im Garten auszusetzen. Bald darauf konnte er beobachten, wie seine Bäume neue Vitalität erlangten, die Blumen schönere und besser duftende Blüten entwickelten und Obst und Gemüse viel schmackhafter wurde. Freunde staunten über die Fruchtbarkeit seines Gartens und baten ihn, ihre Gärten genauso zu verbessern. Später machte er dies auch geschäftlich mit sehr gutem Erfolg, ohne jedoch jemals sein Geheimnis wie er zu diesen spektakulären Erfolgen – nämlich durch das Aussetzen von Würmern und Wurmeiern – kam, preiszugeben. Erst 1937 gab er das Geheimnis seines Erfolges in dem Buch »Unser Freund der Regenwurm« bekannt.

Die ganze Geschichte, wie George Sheffield seine Farm ohne nennenswerten Schädlings- und Pilzbefall allein durch Einbringen von Würmern und Wurmeiern auf die Felder über 60 Jahre erfolgreich betrieb, wurde von Dr. Thomas Barrett in dem Buch »Harnessing the Earthworm« (»Der unters Joch genommene Regenwurm« – es gibt keine deutsche Übersetzung) beschrieben. Man beachte: Der Erfinder des Stahlpfluges arbeitet auf seiner Farm mit Würmern! Moderne Technik und organische Wirtschaftsweise müssen sich also nicht unbedingt ausschließen!

Natürliche Bodenbearbeitung

Extreme Dürrejahre in den 30iger Jahren in Amerika ließen eine Bewegung entstehen, die sich wieder stark an natürlichen Prinzipien der landwirtschaftlichen Bodenbearbeitungen orientierte, die ihren Glauben an die Agrochemie als Allheil-Wundermittel verloren hatte. Dazu zählten so bekannte Autoren wie Sir Albert Howard (1873–1947), der in seinem Buch »Mein landwirtschaftliches Testament« (1940) über seine Erfahrungen im ökologischen Landbau in Indien erzählt. Durch ihn wurde das »Indore-Verfahren« der Kompostierung in Europa und USA bekannt.

Dr. Ehrenfried Pfeiffer, der ein Verfechter der biologisch-dynamischen Wirtschaftsweise war, wies erstmals darauf hin, daß der Boden ein lebendiger Organismus und nicht eine Summe chemischer Substanzen und physikalischen Eigenschaften ist.

Regenwurmforschung

In den frühen 40iger Jahren wurde J. J. Rodale durch Versuche und Studien in Landwirtschaft und Gartenbau und deren Veröffentlichung zum Vater der organischen Landbaubewegung in Amerika. Sein Sohn Robert Rodale führte seine Arbeit weiter. Er initiierte eine seriöse wissenschaftliche Regenwurmforschung, deren Ergebnisse 1961 in dem hervorragenden Buch »The Challance of Earthworm Research« veröffentlicht wurde. Es beinhaltet Arbeiten vor allem von André Voisin sowie von englischen, amerikanischen und russischen Forschern.

Von staatlicher Seite fand diese rein privaten Regenwurm-Untersuchungen nur durch Dr. Henry Hopp, einem Mitarbeiter des US-Departments für Landwirtschaft, in den späten 40iger Jahren Unterstützung. Die Behörde gab daraufhin zahlreiche Veröffentlichungen heraus über die Bedeutung der Regenwürmer zur Bekämpfung der Bodenerosion, deren Anteil an der Bildung stabiler Bodenkrümel und der Bodenfruchtbarkeit sowie den Auswirkungen der verschiedenen landwirtschaftlichen Praktiken auf Regenwurm-Populationen.

In Europa ist vor allem Dr. Rudolph Steiner, der Begründer der Antroposophie, zu nennen, der in seinem landwirtschaftlichen Kurs (1924) im schlesischen Koberwitz die Grundlage für den biologischen-dynamischen Landbau legte.

Für die Rückkehr des Kompostes in den Garten plädierte in eindrucksvoller Weise ebenfalls ein Pionier des naturgemäßen Landbaus in Deutschland, Alwin Seifert. Sein Buch »Gärtnern, Akkern – Ohne Gift« kann man jedem naturgemäß wirtschaftenden Gärtner nur wärmstens empfehlen.

Auf die Bedeutung eines gesunden Bodenlebens und die Wichtigkeit der Regenwürmer weisen auch die Begründer des organisch-biologischen Landbaus, der Schweizer Dr. H. Müller und der deutsche Arzt H. P. Rusch schon 1932 hin.

Ökologie

Wie alle Lebewesen ist auch der Regenwurm eingebunden in ein komplexes und vielfach noch gar nicht genau untersuchtes Ökosystem. Allein durch seine Anwesenheit und mehr noch durch seine Aktivitäten übt er starken Einfluß auf seine unmittelbare Umgebung aus.

Direkt oder indirekt beeinflußt er das Bodenleben, die physikalischen Eigenschaften der Böden und die Nährstoffverfügbarkeit für die Pflanzen.

Zusammen mit Insektenlarven, Ameisen, Spinnen, Hundertfüßlern, Läusen, Springschwänzen, Milben, Tausendfüßlern, Käfern, Bakterien, Pilzen, Algen und auch größeren Tieren wie Feld- und Spitzmäusen, Maulwürfen, Igeln, Schnecken und vielen anderen grabenden Tieren bildet er die Gemeinschaft der Bodenorganismen, die in einem komplizierten Netz gegenseitiger Wirkungen verknüpft sind.

Es handelt sich hierbei um ein labiles, aber ausgewogenes Gleichgewicht. Solange dieses Gleichgewicht auf vielen verschiedenen Schultern (sprich: vielen unterschiedlichen Arten) ruht, können Störungen von außen abgefangen und ausgeglichen werden. Aber je geringer die Zahl der im Boden vorkommenden verschiedenen Tierarten ist und je schlechter sich der Boden in seiner Struktur darstellt, desto eher können auch noch so kleine Eingriffe, zum Teil verheerende Folgen haben.

Ansprüche an den Lebensraum

Bevor wir aber auf die oft segensreichen Auswirkungen der Regenwürmer auf den Boden eingehen, sollten wir erst einmal feststellen, welche Anforderungen die Regenwürmer an ihren Lebensraum stellen. Im einen Boden findet man gar keine Regenwürmer, im anderen dagegen verschiedene Arten in verschiedenen Tiefen, je nach Lebensweise und Nahrungsanspruch.

Pflanzenmaterial

Regenwürmer werden zwar als die Baumeister fruchtbarer Böden angesehen, aber aus toten Böden können auch sie keine blühenden Oasen machen. Nur wenn genügend Pflanzenmaterial vorhanden ist (Ernterückstände, Gartenabfälle, Laub) können Regenwürmer gedeihen. Viel abgestorbenes Pflanzenmaterial ernährt viele Regenwürmer, die durch ihre Tätigkeit und mit Hilfe der anderen Bodenorganismen in einem Kreislaufprozeß wiederum die Nährstoffe für viele Pflanzen aufbereiten.

pH-Wert des Bodens

Ein Boden, in dem sich die meisten der etwa 40 in Deutschland vorkommenden Regenwurmarten wohlfühlen würden, sollte nicht zu sauer und nicht zu basisch sein. Ein pH-Wert um 7 wäre am günstigsten (pH 7 = neutral, pH < 7 = sauer, pH > 7 = basisch).

Bestätigt wurde dies jüngst in einem Versuch, das Waldsterben im Hochschwarzwald durch Kalkung des sauren Bodens aufzuhalten. Vor der Kalkung bei einem pH-Wert von 4 wurden keine Würmer gefunden. Nach der Kalkung stieg die Zahl der Regenwürmer rapide

Beerensträucher mit Grasmulch. Eine Bodenbedeckung erfüllt für Regenwürmer viele Funktionen, z. B. bietet sie Schutz und Nahrung.

an und auch die Bodenvegetation ist wieder reichhaltiger geworden. Dagegen wurde aber gleichzeitig eine Schwächung der Ameisen festgestellt. Deren Sterbeziffer nahm zu.

Man sieht an diesem Beispiel ganz deutlich, wie ein an für sich erfolgreicher Eingriff in die Natur an einer anderen ganz unerwarteten Stelle des Beziehungsgefüges negative Auswirkungen haben kann. Die Ameisen sind schlicht und einfach unter dem Kalkpuderstaub erstickt. Als man dies erkannt hatte, wurde in Zukunft vermieden, direkt in die Ameisenhaufen zu blasen.

Bodentemperatur

Die meisten Regenwürmer lieben aber nicht nur neutrale Bodenwerte, sondern sie bevorzugen darüberhinaus kühle und feuchte, aber nicht total durchnäßte Böden. Alle Aktivitäten der Regenwürmer, mit eingeschlossen ihr gesamter Stoffwechsel, Wachstum, Atmung und Fortpflanzung, werden stark von den jeweils herrschenden Temperaturen bestimmt. Jede Regenwurmart hat ihr eigenes Temperaturoptimum. Aber bei Temperaturen um 10 °C und einem Feuchtigkeitsgehalt von etwa 10 bis 30% fühlen sich die meisten freilebenden Arten wohl.

Bei diesen Bedingungen entwickelt z. B. der Tauwurm (*Lumbricus terrestris*), unser größter und bekanntester Regenwurm, seine größte Aktivität und vergräbt die meisten Blätter. Etwas wärmere Temperaturen fördern andererseits die Kokon-Produktion, das Schlüpfen der Jungtiere und deren Wachstum. Höhere Temperaturen sind auch dem Mist- oder Kompostwurm (*Eisenia foetida*) willkommen. Bei 18 °C bis 20 °C entfaltet er seine größte Aktivität, was sich in einer hohen Nachkommenschaft dokumentiert. Für alle Regenwürmer aber sind Temperaturen über 30 °C tödlich.

Bodenfeuchte

Neben der Temperatur spielt auch der Feuchtigkeitsgehalt des Milieus eine entscheidende Rolle im Leben unserer Erdbewohner. Schließlich stammen die Regenwürmer des Bodens von im Wasser lebenden Formen ab. Ihre Haut muß immer feucht gehalten werden. Außerdem bestehen 70 bis 95% ihres Körpergewichtes aus Wasser. Ihre Abstammung von Meeresbewohnern erkennt man auch daran, daß sie monatelang im Wasser untergetaucht überleben können. Andererseits haben sie sich so gut ans Landleben und die zum Teil extre-

Die Braunerde ist ein Boden, wie er von Regenwürmern bevorzugt wird.

men Witterungsbedingungen angepaßt, daß sie selbst noch bei Verlust von 75% ihrer Körperflüssigkeit überleben können. Eine Pionierart unter den Würmern in dieser Hinsicht ist *Allolobophora caliginosa*, der lange Trockenperioden sowie tiefe und hohe Temperaturen besser übersteht und selbst auf Abraumhalden mit nur spärlichem Pflanzenbewuchs noch vorkommt.

Die Kokon-Produktion, die als ein Maßstab für gute Wurmumweltbedingungen angesehen wird, ist bei einem Feuchtigkeitsgehalt der Erde zwischen 28 und 42% am größten. Erwachsene Würmer mögen es nicht ganz so feucht. Die größte Zahl an Würmern findet man in Böden mit 12 bis 30% Feuchtigkeit.

Das Verhalten der Regenwürmer auf eindringendes Wasser in den Boden, wie es z. B. nach Überschwemmungen oder heftigen Regenfällen geschieht, ist völlig unterschiedlich und die Ursachen sind nicht bekannt. Zum einen findet man Würmer noch in völlig überschwemmten Böden, obwohl sie die Möglichkeit hatten zu fliehen, zum anderen kann man nach heftigen Regenfällen Tausende von Würmern an der Oberfläche finden, die ihre Wohnröhren verlassen haben, um, wie es scheint, trockenere Gefilde aufzusuchen. Diese Reaktion wird wohl immer ein Geheimnis der Regenwürmer bleiben.

Bodentypen

Läßt man Regenwürmer zwischen verschiedenen Bodentypen, die alle den gleichen pH-Wert, gleiche Feuchtigkeit und Temperatur aufweisen, wählen, so bevorzugen sie in der Regel mittlere Lehm- bis leichten Sandboden oder Mull. Zu schwere Böden mögen sie nicht, weil sie sich kaum noch hindurchwühlen oder -fressen können. In zu sandigen Böden fallen ihre Wohnröhren trotz Schleimauskleidung immer wieder zusammen. Böden in denen man absolut keine Würmer findet, sind saure Torfböden.

Unter den verschiedenen Regenwurmarten gibt es keine wesentlichen Unterschiede in der Bevorzugung bestimmter Böden. Sie mögen lieber gute als schlechte Böden, können aber auch in schlechten Böden zu hoher Individuendichte gelangen und damit langfristig helfen, den Boden zu sanieren. Vorausgesetzt, flankierende Maßnahmen, beispielsweise die Verbesserung des pH-Werts durch Kalkung und die reichliche Zufuhr von Futter durch Aufbringen von organischem Material, werden durchgeführt.

Auch die Flächenkompostierung bietet dem Regenwurm beste Lebensbedingungen.

Nahrung

Entscheidend für das Vorhandensein von Regenwürmern sind letzten Endes nicht so sehr die physikalischen Eigenschaften der Böden (es gibt immer wieder Spezialisten, die sich anpassen können), sondern es ist vielmehr das Angebot an organischer Masse. Ist kein verwertbares Pflanzenmaterial vorhanden, so können sich auch keine Regenwürmer halten. Je mehr abgestorbenes organisches Material zur Verfügung steht, desto mehr Würmer können ernährt werden.

Regenwürmer sind, was ihre Nahrung anbelangt, durchaus wählerisch. Sie fressen nicht alles gleich gern. Im allgemeinen werden tierische Abfälle mit viel Stickstoff besser und schneller verdaut als pflanzliche Rückstände. Bei den pflanzlichen Abfällen steht bei den Regenwürmern stark wasserhaltiges Material ganz oben auf der Speisekarte.

Bezüglich der Blätter sind Regenwürmer wahre Feinschmecker. Robinienblätter werden 7mal lieber gefressen als die von Erlen. Ein weiches Pappelblatt wird allemal einem harten und gerbsäurenreichen Buchen- oder Eichenblatt vorgezogen.

Weitere Nahrungsquellen für Würmer stellen Pilzmyzelien, Einzeller, Algen und Bakterien dar, die sie entweder oberflächlich aus ihren Wohnröhren heraus abweiden oder beim Durchwühlen im Boden unterirdisch mit der Erde aufnehmen und verdauen.

Pro Tag braucht ein Wurm etwa 100 bis 300 mg Nahrung/g Körpergewicht. Oder einfacher ausgedrückt: Regenwürmer fressen ungefähr an 1 Tag halb soviel wie sie wiegen. Bei unserem bekanntesten Regenwurm, dem Tauwurm (*Lumbricus terrestris*), der bis zu 60 cm lang wird, sind das immerhin bis zu 15 g organisches Material/Tag.

Voraussetzung für die Aufnahme des organischen Materials durch den Wurm ist aber, daß es stark angerottet und gut durchfeuchtet ist. Erst wenn es von Mikroorganismen vorzersetzt und vorverdaut ist, kann es von den Würmern verzehrt werden.

Auswirkungen auf den Lebensraum

»Würmer bereiten den Boden in einer ausgezeichneten Weise für das Wachsthum der mit Wurzelfasern versehenen Pflanzen und für Sämlinge aller Arten vor. Sie bringen die Ackererde periodisch mit der Luft in Berührung und sieben sie so durch, daß keine Steinchen, die größer sind als die Partikel, die sie verschlucken können, in ihr übrigbleiben. Sie mischen das Ganze innig durcheinander, wie ein Gärtner, der feine Erde für seine gesuchtesten Pflanzen zubereitet. In diesem Zustand ist sie gut dazu geeignet, Feuchtigkeit zurückzuhalten und alle löslichen Substanzen zu absorbieren (festzuhalten).«

»… (sie) tagen bedeutend zur Vermehrung der organischen Substanz im Boden durch die erstaunliche Anzahl von halbverfaulten Blättern bei, welche sie bis zu einer Tiefe von zwei bis drei Zoll (1 Zoll = 2,6 cm) in ihre Röhren ziehen«.

Dies schrieb vor über 100 Jahren

Charles Darwin in seinem vor etwa 3 Jahren neu aufgelegten Buch »Die Bildung der Ackererde durch die Thätigkeit der Würmer«.

Bodenbildung

Darwin hat auch berechnet, wieviel fruchtbaren Boden Regenwürmer in Form von Kothäufchen ausscheiden. Er kam auf die stattliche Zahl von bis zu 45 t/Jahr und ha. Heutige Schätzungen sprechen sogar von bis zu 100 t. Wohlgemerkt, immer vorausgesetzt, daß der Boden noch in Ordnung ist und eine Regenwurmpopulation von 100 bis 400 Stück/m^2 beherbergt.

Regenwürmer sind in erster Linie Bodenbildner. Innerhalb von 12 bis 15 Jahren wenden sie die oberen 10 cm im Grünland ohne Pflug vollständig um und erzeugen Jahr für Jahr 40 bis 100 t/ha wertvollsten Humus.

Verbesserung der Bodenstruktur

Durch ihre grabende Tätigkeit, durch das Fressen von Erde und Absetzen von Kothäufchen, belüften sie den Boden und erhöhen die Wasserhaltefähigkeit. Dadurch, daß einige Arten bis zu 3 m tief in den Boden hinuntergraben, drehen sie das Unterste zuoberst, verbessern damit die Bodenstruktur. Der Boden bleibt krümelig und wird locker gehalten. Minerale werden aus dem Unterboden nach oben in den Wurzelbereich der Pflanzen gebracht und damit der Boden vor dem Auslaugen geschützt. Pflanzenwurzeln benutzen Regenwurmgänge gern als fruchtbare Tunnels.

Eigenschaften von Regenwurmkot und Ackererde aus verschiedenen Bodentiefen (verändert nach Lunt und Jacobson in Minnich 1972)

Eigenschaften	Regenwurmkot	Boden (0–15 cm)	Boden (20–40 cm)
Gesamt-N (%)	0,35	0,25	0,081
organischer Kohlenstoff (%)	5,2	3,32	1,1
C-N-Verhältnis	14,7	13,8	13,8
NO$_3$-N (mg/l)	22,0	4,7	1,7
P$_2$O$_5$ (mg/l)	150,0	20,8	8,3
austauschbares Ca (mg/l)	2793	1993	481
austauschbares Mg (mg/l)	492	162	69
Gesamt-Ca (%)	1,2	0,88	0,91
Gesamt-MG (%)	0,54	0,51	0,55
Kalium (mg/l)	358	32	27
pH-Wert	7,0	6,4	6,0
Feuchtigkeit (%)	31,4	27,4	21,1

Die Aktivität von Regenwürmern läßt sich leicht mit Hilfe eines Demonstrationsgefäßes beobachten, das abwechselnd mit Sand, Erde und Futter gefüllt ist (links). Innerhalb weniger Wochen werden die einzelnen Schichten durch die Tätigkeit der Würmer vermischt (rechts). Unten: Wichtige humusschaffende Kleintiere sind Doppelschwanz (a) und Springschwänze (b, c, d).

Verfügbarmachung von Nährstoffen

Während der Verdauungstätigkeit in ihrem Darm vermischen sie Erde und organisches Material innig miteinander und machen lebenswichtige Nährstoffe pflanzenverfügbar. Sowohl Untersuchungen in Amerika als auch in Deutschland, z. B. vom Hessischen Landesamt für Ernährung, Landwirtschaft und Landesentwicklung, haben festgestellt, daß Regenwurmkot nährstoffreicher als die ihn umgebende Erde ist. Wurmkot ist bis zu 5mal reicher an pflanzenverfügbarem Stickstoff, 7mal reicher an löslichem Phosphat, 11mal kalihaltiger, 2- bis 3mal reicher an austauschbarem Magnesium und 1,5mal reicher an Calcium.

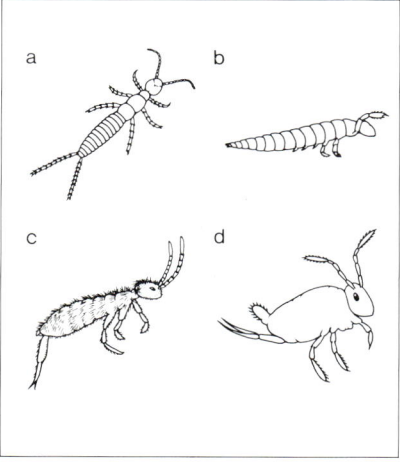

Räumliche Verteilung von Kleintieren in Kompost und Boden. Atmobios = Gesamtheit der über der Erdoberfläche lebenden Organismen, Hemiedaphon = Kleinlebewelt der obersten Bodenschicht und Streu, Euedaphon = Kleinlebewelt der Schicht darunter.

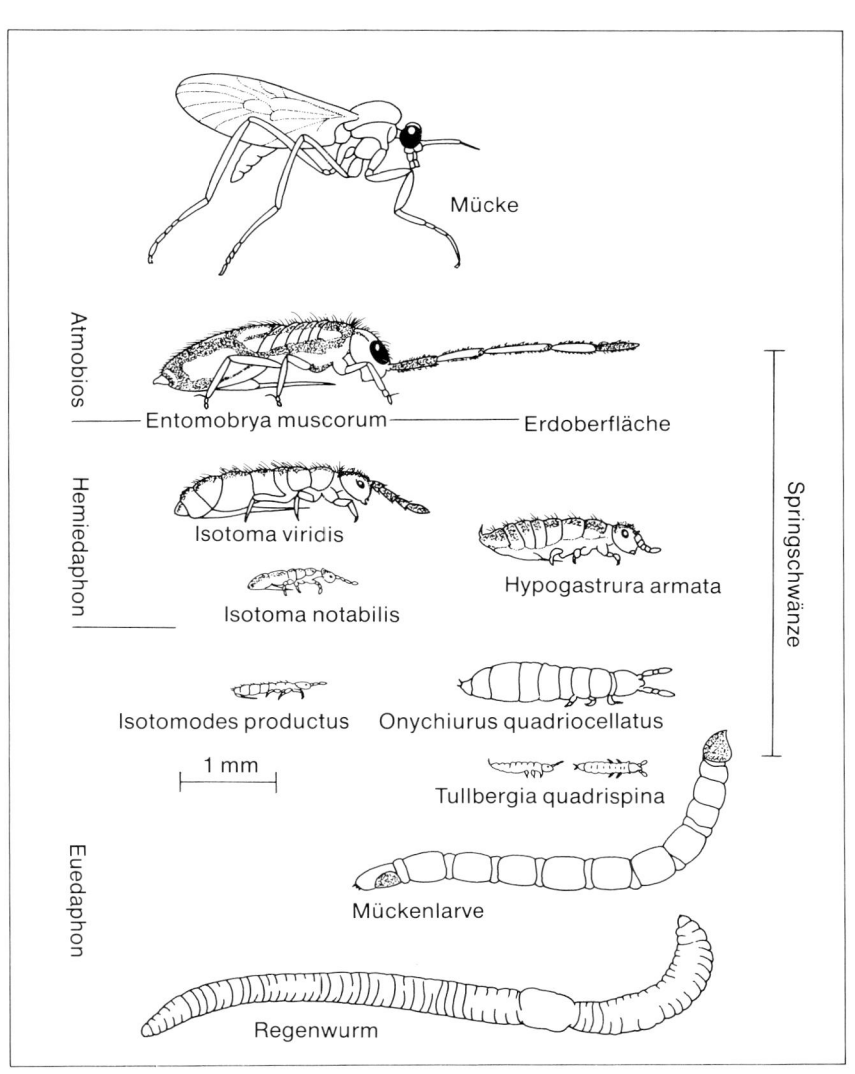

Abbaugeschwindigkeit

Regenwürmer sind wahre Akkordarbeiter. Sie arbeiten rund um die Uhr und vollbringen Höchstleistungen, die durchaus Berechtigung hätten, in das Guinness-Buch der Rekorde aufgenommen zu werden. In einem gut mit Regenwürmern durchsetzten Boden wird das jährlich anfallende Laub 2- bis 3mal schneller abgebaut als bei einem schlecht besetzten Boden. 1/2 Mio. Würmer sind in der Lage innerhalb von 3 Monaten 3 t/ha Laub zu fressen. Diese Menge entspricht etwa einer Schichtdicke der Streu von 4 cm.

Aber Laub ist nicht gleich Laub. Blätter von Obstbäumen, Pappel-, Robinien-, Ulmen- und Birkenblätter werden lieber gefressen als Erlen-, Buchen-, Eichenblätter oder gar Kiefernadeln.

Dauerhumus

Letztendlich wird nur 1/4 des frischen organischen Materials in Dauerhumus umgewandelt. Eine wesentliche Rolle spielen dabei neben den Würmern auch noch Milben, Springschwänze, Assel und andere Arthropoden sowie die ungeheure Zahl von Mikroorganismen wie Bakterien, Einzeller, Algen und Kleinstpilze. Sie bereiten dem Wurm die Nahrung mundgerecht vor und verarbeiten auch noch seine Kotreste weiter. Die Aufgabe der Regenwürmer liegt darin, daß sie das vorab zerkleinerte und vorverdaute organische Material in ihrem Darm mit Bodenpartikeln vermischen, zum Teil die Nährstoffe enzymatisch aufschließen und die Mikrobenaktivität erhöhen.

Regenwürmer sind schlechte Futterverwerter. Sie scheiden bis zu 95% der aufgenommenen Nahrung wieder aus. Der Wurmkot ist damit ein gefundenes Fressen für die anderen Bodenorganismen. Auf und im Wurmkot entwickelt sich ein um ein vielfaches reicheres Mikrobenleben als in der Erde drumherum. Die Mikroben bauen die im Kot enthaltenen Nährstoffe in eine pflanzenverfügbare Form um und legen letzte Hand an die Stabilität der Krümel.

Natürliche Stickstoffversorgung

Durch ihren Kot tragen die Regenwürmer wesentlich zu einer natürlichen Stickstoffversorgung der Pflanzen bei. Selbst tote Würmer leisten noch ihren Beitrag zur Verbesserung der Bodenfruchtbarkeit. Man hat berechnet, daß ein einziger toter Regenwurmkörper bis zu 10 mg Nitrat enthält. Andere Studien gehen davon aus, daß 4 Mio. Würmer/Jahr und Hektar durch Zerfall ihrer Körper und durch Kotausscheidungen etwa 220 kg Stickstoff liefern. Zum Vergleich: Die Stickstoffdüngeempfehlung für ein Kohlfeld ist 250 kg/ha. Man sieht, daß ein Besatz von 400 Würmern/m^2 ausreicht, um den Nährstoffbedarf einer stark zehrenden Pflanze wie Kohl zu decken!

Bodengesundheit

Regenwürmer besitzen keine besondere eigenständige Darmflora wie z. B. wir Menschen oder unsere Haustiere. Mit der Erde frißt der Regenwurm auch Bakterien und Pilze, die sich zum Teil in seinem Darm vermehren und mithel-

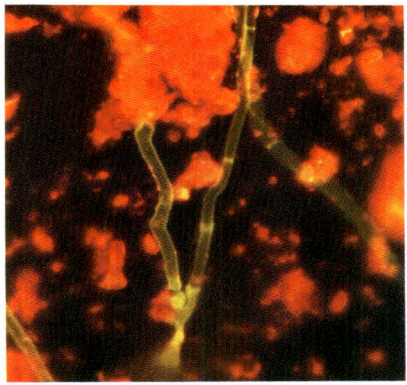

Lebendverbauung des Bodens durch Mikroorganismen. Ein kräftiges Pilzmyzel durchzieht den Boden (320fache Vergrößerung).

fen, durch ihre Ausscheidungen das organische Material zu verdauen. Pathogene Bakterien wie z. B. *Escherichia coli* und andere werden durch die Wurmenzyme teilweise abgetötet. Würmer leisten somit einen nicht unerheblichen Anteil zur Gesunderhaltung der Böden.

Ihr Kot ist eine ideale Brutstätte für Mikroorganismen. Schon nach einer Woche läßt sich eine Verdoppelung der Bakterienzahl feststellen. Die ökologische Bedeutung liegt darin, daß Pilze und Mikroorganismen durch den Wurm schneller und großflächiger im Boden verteilt werden, daß sie sich stärker vermehren können und daß dadurch eine bessere Abbauleistung der organischen Masse und deren Umwandlung in Dauerhumus gewährleistet ist. Böden mit Würmern weisen 4- bis 5mal mehr Mikroben auf als solche ohne. Ihre Tätigkeit setzt CO_2 frei, was den Boden wie einen Hefeteig aufgehen läßt. Der Boden besitzt dann die vom Gärtner angestrebte lebendige und fruchtbare Gare.

Streptomyceten und Aktinomyceten im Wurmkot produzieren Antibiotika, die anaerobe Bakterien und Schadpilze abtöten. Dies erklärt, warum man durch Einsatz von Würmern ausgelaugte und verarmte Böden wieder aktivieren kann oder warum in Wurmhumus angezogene Keimlinge widerstandsfähiger und weniger anfällig gegen Schadinsekten sind.

Biologische Schädlingsbekämpfung

Durch den Verzehr des jährlich anfallenden Fallaubs im Obstgarten trägt der Regenwurm auch zur biologischen Schädlingsbekämpfung bei. Beispielsweise überwintern Sporen des Apfelschorfs, einer Pilzkrankheit, auf den Blättern am Boden. In einem gut mit Regenwürmern bestückten Obstgarten werden die infizierten Blätter während des Winters gefressen und damit auch die Pilzsporen. Eine Neuinfektion im Frühjahr ist daher nicht mehr möglich bzw. nur noch in vermindertem und wirtschaftlich verkraftbarem Maß.

Physikalische Bodeneigenschaften, Ton-Humus-Komplexe

Die unterirdischen Bauarbeiter sind nicht nur wichtig, weil sie die jährlich etwa 2 t Ernterückstände auf dem Acker oder die große Menge der Gartenabfälle mit Hilfe der Mikroorganismen wieder vollständig in Pflanzennährstoffe umwandeln. Allein ihr Vorhandensein im Boden ist von immenser Bedeutung, da sie durch ihre grabende Tätigkeit rein mechanisch die physikalischen Eigenschaften der Böden verbessern.

Die innige Durchmischung von Bodenelementen mit der organischen Masse führt zu stabilen Krümelaggregaten, den sogenannten Ton-Humus-Komplexen. Ton hält die Feuchtigkeit

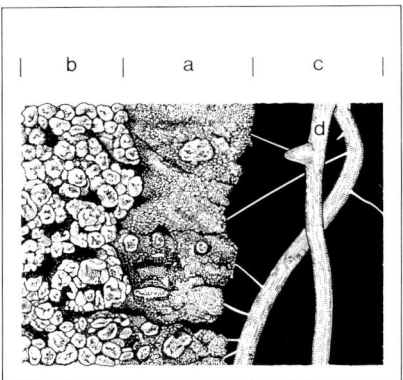

Ausschnitt aus der Röhre des Tauwurmes. a = Losungstapete der Röhrenwand, b = gewachsener Boden, c = Innendurchmesser der Röhre, d = eingedrungene Wurzeln.

fest und Humus ist der Träger der Bodenfruchtbarkeit! In den Ton-Humus-Komplexen liegen die Nährstoffe in gebundener, aber für die Pflanze verfügbarer Form vor. So festgelegt können sie auch durch starke Regenfälle nicht ausgewaschen werden. Die stabilen Krümel sorgen dafür, daß der Boden schön locker bleibt.

In vergleichenden Studien wurde von Henry Hopp in Amerika festgestellt, daß in Testböden mit Würmern doppelt soviel stabile Krümelaggregate vorhanden waren als in Böden ohne Würmer. Bei den jüngsten Bodenuntersuchungen zum Waldsterben im Schwarzwald wurde ebenfalls festgestellt, daß der Anteil feiner und mittlerer Poren und Bodenkrümel in Parzellen mit Wurmbesatz größer ist. Wie diese Krümel im Wurmdarm genau entstehen, ist noch unbekannt.

Ihre segensreiche Wirkung aber ist augenfällig. Zusammen mit den Regenwurmgängen erhöhen sie die Fähigkeit der Böden, Wasser zu speichern und langsam wieder abzugeben. Bis zu 1000 Röhren wurden auf 1 m² in Schleswig-Holstein gezählt. Ein derart durchlöcherter Boden wirkt wie ein Schwamm. Er saugt sogar noch starke Platzregen auf und gibt das Wasser nach und nach wieder ab, ohne dabei zu verschlämmen. In Wurmfreien oder nur dünn besiedelten Böden ist dies leider oft der Fall. Das Wasser fließt oberflächlich ab und reißt wertvollen Humus mit hinfort. Erodierte Böden sind das Ergebnis.

Wieder kann man Charles Darwin zitieren, der sagte: »... daß die Wurmröhren nicht einfache Aushöhlungen sind, sondern eher mit Tunnels verglichen werden können, die mit Zement ausgekleidet sind!« Mit einem Gemisch aus Schleim und Kot verkleben Würmer die Wände und stopfen seitliche Hohlräume zu. Auf diese Art und Weise sorgen sie dafür, daß ihre Röhren erosionsstabil sind und ihnen der Boden nicht weggeschwemmt wird.

Nährstoffumschichtung

Die grabende Lebensweise der Regenwürmer, besonders der tiefgrabenden Arten wie *Lumbricus terrestris, L. badensis* oder *Allolobophora caliginosa*, hat noch einen anderen Vorteil für die Pflanzen. Diese Würmer bringen aus dem Untergrund feine Mineralteilchen mit an die Oberfläche bzw. in den Wurzelraum der Pflanzen. So werden Bäume, Gräser, Getreide und sonstige Kulturen mit Spurenelementen versorgt, an die sie normalerweise nicht herangelangen. Viele leicht lösliche Nährstoffe werden durch starke Regenfälle in den Unterboden geschwemmt, was zu einer Verarmung des Oberbodens führt. Dem wirken die Regenwürmer entgegen, indem sie in den Unterboden gehen, Erde aufnehmen und als Kothäufchen an der Oberfläche absetzen.

Erde ist immer noch das beste Medium für die Pflanzen. Ohne eine lebendige Erde und die Leistung der Würmer ist eine anhaltend hohe Pflanzenqualität nicht zu erreichen.

Förderung des Wurzelwachstums

Regenwurmgänge sorgen für eine bessere Durchlüftung des Bodens. Sie halten den Boden locker und schaffen Hohlräume, in die sich die Pflanzenwurzeln hineinschieben können. Die Zahl der für die Nährstoffaufnahme zuständigen Feinwurzeln nimmt in Wurmerde ganz besonders stark zu. Das Wurzelwachstum wird also durch die Würmer gefördert. Unter anderem auch weil Pflanzenwurzeln bevorzugt in Wurmröhren wachsen. Sie gelangen dadurch ohne große Anstrengung in größere Tiefen. Zudem sind die Gänge mit dem nährstoffreichen Kot der Würmer ausgekleidet, so daß die Pflanzen optimal versorgt sind. Und wo immer im Boden Wurzeln auf abgelegte Wurmkothäufchen treffen, bilden sie feinste Wurzelhärchen aus und durchdringen diesen Wurmhumus in sämtliche Richtungen. Sir Albert Howard hat dies an Kartoffelwurzeln beobachtet und beschrieben.

Regulation des Boden-pH

Wurmerde besitzt immer einen pH-Wert um den Neutralpunkt 7, ganz gleich ob die umgebende Erde saurer oder basischer ist. Das heißt, Regenwürmer halten über lange Perioden gesehen den Boden im neutralen Bereich, der das Optimum für die meisten Pflanzen, auch unserer Kulturarten, darstellt. Man nimmt an, daß die Erde durch wurmeigene Kalkdrüsen und andere Sekretionen im Darm neutralisiert wird. Genaues weiß man nicht. Nur wenn der Boden zu sauer wird, wie es durch den sauren Regen jetzt leider auf immer größeren Flächen zu beobachten ist, ist auch der Regenwurm gezwungen auszuweichen. Denn bei einem pH von weniger als 4,5 lösen sich die Würmer auf, werden zersetzt!

Nach all dem Gesagten dürfte es nicht mehr erstaunen, wenn weltweit festgestellt wird, daß in Böden mit ausreichender Wurmpopulation die Erträge bei sonst gleicher Wirtschaftsweise höher und die Qualität besser ist.

Erde oder künstliche Substrate?

Erinnern wir uns an dieser Stelle einmal an das, was Pflanzen zum Wachstum brauchen, so werden wir sofort erkennen, warum Regenwürmer so überaus vorteilhaft sind. Für ein angemessenes Wachstum stellen Pflanzen 3 wichtige Ansprüche an den Boden:

– genügend Feuchtigkeit,
– eine ausreichende Versorgung mit lebenswichtigen Nährstoffen in verfügbarer Form,
– genügend Luftporenraum für ein gesundes Wurzelwachstum.

Außerdem benötigen sie natürlich das Sonnenlicht als Energiequelle, worauf unsere Würmer aber keinen Einfluß haben. Aus diesen Ansprüchen kann man ableiten, daß Pflanzen eigentlich gar keine Erde benötigen.

In der Tat ist es möglich, Gemüse und Getreide, aber auch Blumen auf künstlichen Substraten wachsen zu lassen. Man denke an die Hydrokultur, bei der den Pflanzenwurzeln Blähton als Verankerung dient und die Gewächse selbst mit einer Nährlösung versorgt werden. Vieles von unserem in Supermärkten erhältlichen Gemüse wird auf diese Weise, auf Schlacke-Körner gepflanzt, mit schwarzer Plastikfolie abgedeckt und mit Flüssigdünger besprenkelt, erzeugt. Entsprechend wässrig und ohne Geschmack sind z. B. solche Tomaten und Gurken.

Erde ist immer noch das beste Medium für Pflanzen. Ohne eine lebendige Erde und die Leistungen der Würmer ist eine anhaltend hohe Qualität unserer Kulturpflanzen nicht zu erreichen. Ein lebendiger Boden hält für die Pflanzen Feuchtigkeit bereit, die er aus dem Regen bezieht. Er versorgt die Kulturen mit Nährstoffen und Spurenelementen aus dem Gestein und dem organischen Material, das er beinhaltet, und er bietet den Wurzeln durch seine lockere Krümelstruktur genügend Porenraum, um sich zu entfalten.

Regenwürmer als Bodenbearbeiter

Natürlich entspricht nicht jeder Boden dem obigen Idealbild. Der eine Boden ist zu schwer und bietet nicht genügend Raum für die Wurzeln, ein anderer ist zu sandig und kann die Feuchtigkeit nicht halten, ein dritter kann vielleicht zu sauer sein und den Pflanzen keine Nährstoffe bereitstellen. Wenn der Boden keine guten Bedingungen für das Pflanzenwachstum bietet, versuchen wir diese Böden für einen Anbau zu verbessern. Die immer knapper werdenden Flächen zwingen uns dazu, auch die weniger guten Böden zu nutzen. Wir pflügen die Erde und schichten sie um, um Nährstoffe heraufzubringen und den Wurzeln Raum zu verschaffen. Wir bewässern unsere Felder und bringen Kunstdünger aus, um unseren Kulturpflanzen das Überleben zu ermöglichen. Aber wir könnten uns all diese Mühe ersparen, würden wir nur für genügend Würmer im Boden Sorge tragen. Jahr für Jahr, von Generation zu Generation, »pflügen« die Regenwürmer den Boden um, sorgen dafür, daß der Boden genügend Feuchtigkeit speichert und bringen die Nährstoffe aus dem Unterboden in den Wurzelraum. Der Mensch bräuchte eigentlich nur gelegentlich mechanisch etwas nachhelfen. Sonst ginge es vielleicht etwas zu langsam vorwärts. Natürlich müßten die Würmer durch entsprechende Behandlung, vor allem durch ein gutes Futterangebot, bei »Laune gehalten werden«. Haben wir erst einmal einen guten Wurmbesatz erreicht, dann sind die Regenwürmer unser bestes Mittel, u strukturelle Mängel des Bodens zu beheben und ihn auf einem hohen und gesunden Produktionsniveau zu halten.

Regenwürmer steigern den Ertrag

Dazu, daß Regenwürmer eine Steigerung des Ertrags und eine Verbesserung der Bodenqualität bewirken, einige Beispiele.

In neu gewonnenen Poldern (eingedeichtes Land), z. B. in Holland, konnte nachgewiesen werden, daß auf Versuchsfeldern mit Regenwürmern die Erträge höher waren als in solchen ohne. Pro Quadratmeter waren 500 Regenwürmer ausgesetzt worden. Die Krümelstabilität stieg danach um 70%, die Wurzeldichte der dort gepflanzten Apfelbäume um 140% an. Dies wirkte sich durch einen Mehrertrag von 2,5% aus. Weitere Versuche, wiederum in neugewonnenen Poldern, mit Würmern der Gattung *Allolobophora caliginosa* haben bei Winterweizen eine Ertragssteigerung um das 2fache, bei Heu um das 4fache und bei Klee gar um das 10fache bewirkt.

Aus Neuseeland wird berichtet, daß leicht saure Böden gekalkt wurden und an einigen ausgesuchten Stellen eine bestimmte Anzahl Würmer der Gattung *A. caliginosa* eingesetzt wurden. Nach 4 Jahren stellte man fest, daß das Gras einige Meter um den Aussetzungspunkt dichter und grüner stand und nach 8 Jahren hatten sich diese Flächen auf über 100 m im Durchmesser ausgebreitet.

Prof. Graff berichtete 1974 von Vegetationsversuchen mit Haferkeimlingen, bei denen der Ertrag von Pflanzen, die in Erde eingesetzt wurden, in der zuvor Würmer 19 Tage lang tätig waren, bis zu 25% höher war als bei Pflanzen, die in unbehandelten Boden gesetzt wurden. Ertragssteigerungen werden auch aus der Forstwirtschaft gemeldet. Inwieweit das Kalken der Böden und das Einsetzen von Würmern das Waldsterben aufhalten können, wird zur Zeit intensiv erforscht.

Diese Ergebnisse wurden immer im Vergleich zu wurmfreier Erde erzielt. Zusätzlicher Einsatz von Regenwürmern in schon intensiv bewirtschaftete Böden dürfte keine so gravierenden Mehrerträge liefern. Dafür werden aber zumindest gleiche Erträge bei deutlich weniger Pflugarbeit und geringerem Mineraldünger- und Pestizideinsatz gewonnen.

Gewonnen hat dadurch auch der Boden, der wieder in der Lage ist eine natürliche Bodengare aufzubauen und auf lange Sicht eine dauernde natürliche Fruchtbarkeit zu garantieren.

Allgemein – und dies ist wissenschaftlich belegt – läßt sich festhalten, daß Ernteerträge durch die positiven Effekte, die Regenwürmer auf die Bodenstruktur ausüben, gesteigert werden. Auf schlechten Böden kann der Ertrag schnell und nachhaltig gesteigert werden, wenn man Regenwürmer aussetzt und mit genügend organischem Material (Stallmist und/oder Ernterückstände) füttert.

In gut strukturierten Böden sind die Auswirkungen nicht so gravierend, da sich hier die positiven Eigenschaften der Regenwürmer auf die zusätzliche Freisetzung von Nährstoffen und die Stabilisierung des pH-Wertes beschränken. Wobei nicht vergessen werden darf, daß auch hier durch die Wirkstoffe des Wurms und der Mikroorganismen der Boden gesund erhalten und die Wiederstandskraft der Pflanzen erhöht wird.

Mit der Zeit kommt es auch hier zu einer spürbaren Reduzierung des Mineraldüngereinsatzes und der Pestizidanwendung.

Tomatensetzlinge im Pflanzversuch: Links ohne, in der Mitte mit 10% und rechts mit 100% Wurmhumus.

Wirkung von Wurmhumus

Was passiert, wenn man nicht die Würmer, sondern nur deren Kot, den Wurmhumus, einsetzt? Auf Grund der stabilen Krümelaggregate wird die Bodenstruktur verbessert und die Fruchtbarkeit durch den hohen Gehalt an Nährstoffen erhöht. Wurmkothäufchen besitzen meist einen pH-Wert um den Neutralpunkt, verfügen über mehr Gesamt- und Nitratstickstoff, mehr organisches Material, mehr austauschbares Magnesium, mehr pflanzenverfügbares Phosphat, eine größere Basenaustauschkapazität (wichtig für die Festlegung von Schwermetallen) und einen höheren Feuchtigkeitsgehalt. Mit Wurmkot können schwere Böden lockerer und sandige Böden bindiger gemacht werden. Zugleich wird die Fähigkeit des Bodens, mit schädlichen Stoffen (z. B. Pestizidrückstände, Schwermetalle) schwerlösliche Komplexe zu bilden, verbessert, so daß diese nicht mehr von der Pflanze aufgenommen werden und damit aus der Nahrungskette entfernt und im Boden festgehalten werden. Die wichtigen Ton-Humus-Komplexe sorgen weiterhin dafür, daß genügend Feuchtigkeit gespeichert wird und die Nährstoffe vor dem Auswaschen bei zu starkem Regen geschützt sind (s. auch Seite 45, 107).

Pflügender Bauer im Winter. Die Frostgare ist eine Scheingare. Tiefes Umpflügen zerstört die Regenwurmgänge und setzt sie dem Frost aus.

Einflüsse auf den Regenwurmbesatz

Gängige Meinung in der Landwirtschaft ist – von Ausnahmen abgesehen – noch immer die, daß hohe Erträge nur durch Maschineneinsatz und Anwendung von Mineraldüngern und Pestiziden zu erreichen sind.

Die immer schwereren Traktoren verdichten die Böden zusehends. Dies erfordert, um Pflanzenwurzeln Raum zu schaffen, tiefes Pflügen, Lockern und Wenden. Dadurch wird das Bodenleben nachhaltig gestört, Regenwürmer, sofern noch vorhanden, wandern aus. Die Mikroorganismen sind lange nicht so zahlreich, und eventuell vorhandenes organisches Material kann nicht abgebaut werden, wird vergraben, verfault. Die natürliche Fruchtbarkeit des Bodens geht verloren.

Folglich müssen die Pflanzen mit Mineraldüngern ernährt werden. Der Boden verarmt an Humus, die Pflanzen können keine natürlichen Widerstandskräfte entwickeln, zudem wird meist in Monokulturen angebaut und als Folge nehmen jegliche Arten von Schädlingen überhand. Die Konsequenz ist dann der Einsatz von Pestiziden. Sie helfen zwar das aktuelle Problem zu lösen, ihre Rückstände lassen sich aber manchmal über Jahre hinweg im Boden nachweisen und schädigen somit auch noch den letzten Rest von Bodenleben.

Bodenbearbeitung

In den meisten Kleingärten, sofern sie nicht konsequent biologisch bewirtschaftet werden, geht es ähnlich zu.

Umgraben, Pflügen, Fräsen

Statt des Tiefpflügens wird im Garten mit dem Spaten das Unterste zuoberst gekehrt, ohne zu bedenken, daß die Natur in monatelanger Arbeit eine wohlgeordnete Schichtung der Bodenorganismen vorgenommen hat. Je nachdem, welche Aufgaben sie im Abbauprozeß der Natur haben, gibt es Organismen, die in den oberen Zentimetern des Bodens leben, und wiederum andere, die in tieferen Schichten arbeiten. Durch das Umgraben wird alles durcheinandergebracht. Oberflächenbewohner werden nach unten verfrachtet und sterben ab, weil sie für ihre Umsetzungen Sauerstoff benötigen. Bodenbewohner tieferer Schichten, für die Sauerstoff ein tödliches Gift ist, sterben, an die Oberfläche gebracht, ebenfalls ab. Zum Glück überleben immer einige Individuen diese Gewaltkur, so daß eine Neubesiedlung wieder stattfinden kann. Eine Verzögerung der Umsatzleistungen tritt aber allemal ein.

Auch Regenwürmer haben unter einer solchen Tortur vielfältig zu leiden. Durch das Pflügen, Umgraben oder die Bearbeitung mit schnell rotierenden Bodenfräsen werden Würmer getötet oder verstümmelt. Sie fallen dann leichter ihren Feinden zum Opfer.

Die Bodenbearbeitung zerstört auch ihre Gänge, so daß ihnen die Rückwege versperrt sind. Besonders empfindlich trifft sie dies, wenn im späten Herbst kurz vor den ersten Frösten das Feld oder der Garten umgebrochen werden. Regenwürmer, die an der Oberfläche für den Winter Blätter sammeln, können sich vor dem einsetzenden Frost nicht mehr schnell genug in tiefere Bodenschichten zurückziehen und gehen zugrunde. Zahlreiche Untersuchungen haben bestätigt, daß die Regenwurm-

Vergleich verschiedener Bodenbedeckungen auf Bodeneigenschaften und Regenwurm-Anzahl (verändert nach Hopp in Minnich 1972)

Bodeneigenschaften	Acker mit Winterbedeckung	Acker ohne Winterbedeckung	Grünland
Wasser-Infiltrationsrate (cm/Minute)	0,79	0,25	0,91
Grobporen (> 10 μm in %)	7	3,9	10,5
Wasserhaltefähigkeit (%)	59	44	79
Regenwürmer (Individuen Anzahl/m^2)	170	33	80

fauna auf Ackerland wegen der häufigen Störungen durch die Bodenbearbeitung weniger zahlreich, ihre Biomasse geringer und die Artenzahl kleiner ist als auf Weiden und Wiesen oder auf Flächen mit Dauervegetation.

Wer sich einmal die Zeit nimmt, die Vorgänge in der Natur zu beobachten, wird sehr rasch erkennen, daß es auch anders geht, d. h. sehr viel einfacher und billiger. Die beste Art, die natürliche Bodenfruchtbarkeit zu erhalten und auch Regenwürmer im Boden zu vermehren, ist das Einbringen organischer Substanz (Kompost u. ä.) und das Bodengefüge sowenig wie möglich zu stören.

Minimale Bearbeitung

Wiederum aus der Landwirtschaft wird berichtet, daß sich auf Grünland nach früherem Ackerland die Regenwurmpopulation erholt. Neue Arten wandern von angrenzenden Weiden, Wiesen und Feldrainen oder Gewässerrändern ein. Vielerorts versucht man dieser Erkenntnis Rechnung zu tragen, indem man den Boden nur minimal bearbeitet. Der Boden wird nicht mehr tief gepflügt, sondern nur noch oberflächlich gewendet und etwas tiefer aufgelockert.

Noch vorteilhafter für den Regenwurm ist das Direktsaatverfahren. Hierbei wird der Oberboden (leider vorher durch Herbizide unkrautfrei gemacht) zur Herstellung des Saatbeets nur leicht aufgeritzt. Oder ganz modern: Die Saat wird maschinell direkt in den unbehandelten Boden gebracht. Nachteil dieser Methode ist, daß man Herbizide benutzen muß, um »Unkräuter« bzw. andere Konkurrenzpflanzen bis zu einem sicheren Auflaufen der Saat zu unterdrücken. Vom ökologischen Standpunkt aus ist dies mit Vorsicht zu betrachten.

Immerhin sind die Herbizide unter den Pestiziden die am wenigsten giftigen. Sie werden im Boden relativ schnell abgebaut und beeinflussen Bodenmikroflora und Bodenfauna nicht sehr nachhaltig.

Einfluß der Bewirtschaftungsweise auf Humusabtrag und Regenwurm-Population (verändert nach Hopp in Minnich 1972)

Bewirtschaftungsform	Regenwürmer	Erosion/Jahr	Abdrift
(10 Jahre)	(Anzahl/m^2)	(t/ha)	(cm/ha)
Monokultur	0	74,1	11,1
Drei-Felder-Wirtschaft	23	12,35	8,8
Dauerweide	77	0	7,4
Brache	200	0	8,1

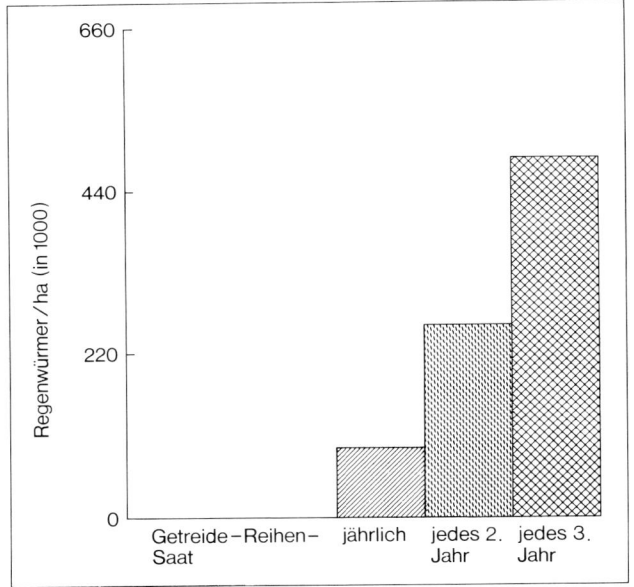

Regenwurmbesatz bei Getreideanbau in unterschiedlichen Zeitabständen.

Bodenbedeckung

Die Wirksamkeit der Bodenruhe (Brache), besonders auf die Regenwurmpopulationen, wird noch erhöht durch jegliche Art gleichzeitiger Bodenbedeckung. Die Bedeckung des Bodens mit organischem Material – auch Mulchen genannt – hat vielfältigen Einfluß auf die physikalischen, biochemischen und biologischen Eigenschaften der Böden.

Für Regenwürmer erfüllt eine Bodenbedeckung, ob sie nun aus einem Mistschleier, Stroh, Trester, Rindenmaterial, Grasschnitt oder ähnlichem besteht, viele Funktionen. Zum einen ist sie Sichtschutz und hilft ihnen, sich vor den Freßfeinden, den Vögeln, zu verbergen. Temperaturextreme fallen nicht so sehr ins Gewicht. An der Oberfläche ist ein guter Verdunstungsschutz gegeben.

Durch die dauernde Feuchtigkeit findet stärkeres Mikrobenwachstum statt. Nährstoffe im Mulchmaterial werden durch den Regen in den Boden gespült. Würmer sind unter einer solchen Decke, wo sie geschützt sind und genügend Nahrung finden, viel aktiver. Sie kommen auch tagsüber an die Oberfläche und können noch bis weit in den Winter ihre Arbeit verrichten.

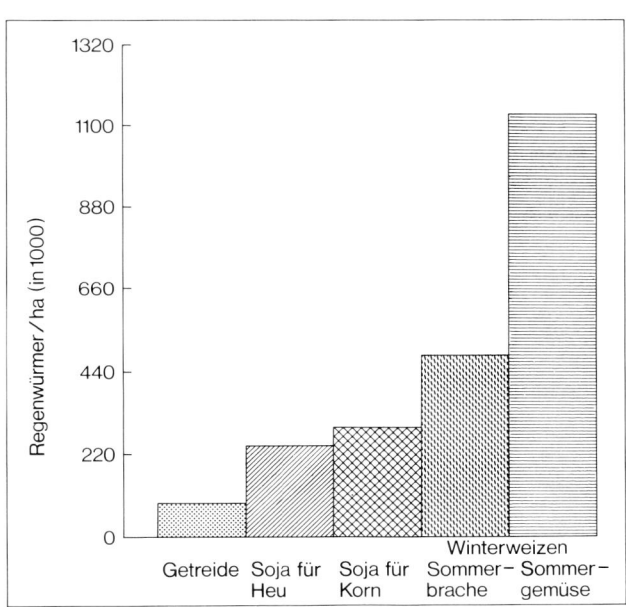

Regenwurmbesatz bei jährlich wechselnder Bewirtschaftung.

Rückschlüsse für den Gärtner

Was kann nun der Gärtner, der seinen Garten ökologisch sinnvoll bearbeiten will, tun? Vor allem eines: den Boden möglichst ruhen lassen, so wenig wie möglich stören und immer für eine ausreichende Bodenbedeckung mit organischem Material sorgen.

Statt mit dem Spaten die 15 bis 20 cm tiefe lebendige Humusschicht umzudrehen und damit die sorgfältig aufgebaute Schichtenbildung auf den Kopf zu stellen, benutzen biologische Gärtner den Sauzahn oder die Grabgabel zur Bodenlockerung. Sie wird in den Boden gestochen und ruckartig hin und her bewegt. Die belebten Schichten werden so locker und luftdurchlässig. Regenwürmer werden nicht zerschnitten und ihre Gänge bleiben erhalten (s. auch Seite 52).

Mineraldüngung

Wer im Garten keinen Stallmist verwendet und keinen Kompost zubereitet, darüberhinaus jedes Frühjahr und jeden Herbst den Boden umgräbt, ist gezwungen, Mineraldünger zu verwen-

Links: Bodenlockerung mit der Grabgabel. Unten: Wurzelknöllchen der Ackerbohne. Rechts: Pestizide töten nicht nur Schädlinge, sie wirken auch schädigend auf das Bodenleben.

Stickstoffdünger

Nach mineralischer Stickstoffdüngung wurde zum einen eine Erhöhung der Regenwurmzahl beobachtet, zum anderen aber auch festgestellt, daß der hochprozentige Stickstoffdünger Ammoniumsulfat für Regenwürmer absolut tödlich ist.

Wie wir wissen, ist der Gehalt an organischem Material im Boden für die An- oder Abwesenheit von Würmern ausschlaggebend. Da eine Stickstoffdüngung in der Regel einen Zuwachs an Pflanzenmasse und damit u. a. eine Erhöhung von Ernterückständen bewirkt, erhöht sich auch die Anzahl der Regenwürmer. Aber nicht wegen des Stickstoffs, sondern wegen des größeren Futterangebotes.

den, um die Bodenfruchtbarkeit aufrechtzuerhalten.

Mineraldünger sind für die Pflanzen sofort verfügbar und leicht aufzunehmen. Dabei besteht die Gefahr, daß die Pflanzen zu schnell zu viele Nährstoffe aufnehmen, dabei zu rasch wachsen, schwammige Gewebe bilden und vermehrt krankheitsanfällig werden. Und schon ist man gezwungen, mit der Giftspritze durch den Garten zu gehen.

In einem natürlich fruchtbaren Boden werden die Nährstoffe durch den schrittweisen Abbau der organischen Substanz weniger schnell freigesetzt und bewirken ein zwar langsameres, dafür aber ausgeglicheneres und gesünderes Pflanzenwachstum.

Über die Auswirkungen von Mineraldüngern auf die Regenwurmfauna liegen dagegen unterschiedliche Ergebnisse vor.

Die Giftwirkung von Ammoniumsulfat liegt im hohen Salzgehalt und dem nachteiligen pH begründet. Regenwürmer haben eine empfindliche Haut und reagieren sehr heftig auf zu hohe Salzkonzentrationen. Sie krümmen und strecken sich in wilden Zuckungen, sondern über die Rückenporen verstärkt Schleim aus, um die Salzlösung zu verdünnen, und versuchen, möglichst schnell aus dem Gefahrenbereich zu gelangen. Gelingt ihnen dies nicht, sind sie innerhalb weniger Stunden tot. Gestorben an innerer Austrocknung.

Kalk, Superphosphat

Positiv wirken sich Düngungen mit Kalk oder Superphosphat aus, besonders wenn der Boden vorher leicht sauer war. Durch die Kalkung kommt es zu einer Verschiebung des pH-Wertes zum Neutralen hin, was für Regenwürmer vorteilhaft ist und ihre Zahl erhöht.

Man muß feststellen, daß Mineraldünger im allgemeinen bei richtiger Ausbringung und sofern die Würmer nicht in direkten Hautkontakt mit diesen hochprozentigen Nährstoffen gelangen, nicht direkt giftig auf sie wirken.

Wirkungen auf den Boden

Über lange Zeiträume ausschließlich und in immer höheren Dosen verabreicht, ohne den gelegentlichen Zusatz rein organischer Dünger, zerstören Mineraldünger nachhaltig die Bodenstruktur, verschieben den pH-Wert, führen zur Versalzung der Böden und verschlechtern so die Umweltbedingugnen für das Bodenleben. Die Trägerstoffe, an die die Mineraldünger gebunden sind, wirken letztendlich negativ auf das Bodenleben. Bei Kalidüngern ist es z.B. Kochsalz (NaCl), und Phosphatdünger sind immer mit dem hochgiftigen Schwermetall Cadmium (Cd) angereichert. Erhöhte Salzkonzentrationen zerstören die empfindliche Haut der Würmer. Cadmium wird von den Würmern angereichert, in der Nahrungskette weitergegeben und führt auch zu Störungen im Stoffwechsel anderer Mikroorganismen. Sie liefern fehlerhafte Eiweißprodukte, die von den Pflanzen aufgenommen werden, mit denen sie aber nichts anfangen können und die zur Schwächung des pflanzeneigenen Immunsystems führen. Man schätzt, daß allein durch die Phosphordüngung der Landwirtschaft in Deutschland jährlich etwa 65 t Cadmium in die Böden gelangen!

Bei rein mineralischer Düngung verhungert das Bodenleben, weil kein Nachschub von Futter in Form von organischer Masse erfolgt. Auch Regenwürmer wandern mangels Futter ab und der Boden verarmt. Die Lebendverbauung, dieses innige Verkleben und Zusammenhalten der Ton-Humus-Komplexe durch Pilzgeflechte und Schleimstoffe der Mikroorganismen, funktioniert nicht mehr. Humusabbau ist die Folge. Der Boden neigt zu Verschlämmung und Erosion. Immer mehr Mineraldünger müssen aufgebracht werden, um die Erträge zu halten. Das Bodenleben geht zugrunde und überschüssiger Stickstoff belastet als Nitrat unser Grundwasser, weil durch das Fehlen der Ton-Humus-Komplexe Nährstoffe nicht mehr festgehalten werden. Die Pflanzen selbst werden »faul und träge«. Das Wurzelsystem wird nicht mehr gefordert, es muß keine Aufschlußarbeit mehr leisten. Dies führt z. B. dazu, daß bei Leguminosen (Hülsenfrüchten, z. B. Erbsen, Bohnen) die Knöllchenbakterien abnehmen oder ganz verschwinden, da ihre Stickstoffproduktion nicht mehr gefragt ist.

Man sieht: Mit rein mineralischer Düngung tun wir weder dem Boden noch den Pflanzen einen Gefallen. Während die Meinungen über die direkten Wirkungen der Mineraldünger auf die Regenwürmer und das Bodenleben noch auseinandergehen, ist die Wirkung von organischer Düngung auf Regenwürmer unbestritten: Sie werden in Arten- und Individuenzahl gefördert!

Schädlingsbekämpfungsmittel (Pestizide)

Es ist verständlich, daß an dieser Stelle keine Empfehlung für oder gegen das eine oder andere Produkt gegeben werden kann. Zum einen liegen kaum Untersuchungen über die Umweltverträglichkeit solcher Mittel vor, schon gar nicht hinsichtlich ihrer Toxizität (Giftigkeit) auf Regenwürmer. Zum anderen sollte ein biologisch wirtschaftender Gärtner möglichst auf Pestizide verzichten.

Über die wichtigsten Wirkstoffe, auf denen die Giftigkeit mancher Mittel beruht, sollte jedoch berichtet werden. Die Giftwirkung ergibt sich vor allem aus deren Gehalt an chlorierten Kohlenwasserstoffen (HCB, PCB, HCC), an organischen Phosphorverbindungen oder Schwermetallen.

Es gibt Pestizide, z. B. Herbizide, die – zumindest direkt – kaum Auswirkungen auf Regenwürmer haben, die meist sehr schnell im Boden abgebaut werden. Sie dezimieren die Regenwurmpopulationen aber indirekt durch Futterentzug.

Es gibt aber auch Mittel, die bis zum 10fachen des Wertes in der umgebenden Erde im Wurmkörper gespeichert werden, ohne daß die Würmer irgendwelche Anzeichen von Schädigungen zeigen. Schließlich gibt es Gifte, die sofort und tödlich auf Regenwürmer wirken. Zu letzteren gehören die schwermetallhaltigen Spritzmittel auf der Basis von Kupfersulfaten und Bleiarsenaten, die vor allem im Obst- und Weinbau Verwendung finden. Giftig sind auch Insektenbekämpfungsmittel mit den Wirkstoffen Carbaryl, Aldicarb und Carbofuran.

Chlorierte Kohlenwasserstoffe

Bei den chlorierten Kohlenwasserstoffen ist die Giftigkeit unterschiedlich. Stoffe wie Heptachlor, Endrin, Chlordan, Eldrin und Lindan sind auch in normalen Dosen für Regenwürmer giftig. Andere wie Aldrin, Dieldrin oder DDT haben bei normalen Dosen kaum Effekte auf die Vitalität der Regenwürmer. Selbst höhere Dosen werden ohne nennenswerte Schädigungen verkraftet.

Trotzdem ist die Anwendung auch dieser Stoffe nicht unproblematisch. Nicht jede Regenwurmart nimmt jedes Gift gleich gut oder schlecht auf. Außerdem liegen keine Untersuchungen über Kombinationswirkugnen vor, und die Gifte werden über die Nahrungskette (s. auch Seite 61) weitergereicht. Auch die unterschiedlichen Bodenverhältnisse (pH-Wert, Ton-Humus-Komplexe, Ionenaustauschkapazität usw.) spielen eine sehr wichtige Rolle bei der Festlegung oder dem Abbau dieser Giftstoffe.

Nicht nur Regenwürmer, sondern auch andere Organismen, wie Einzeller und Bakterien, werden geschädigt. So weiß man, daß chlorierte Kohlenwasserstoffe das Zellteilungsvermögen beeinträchtigen. Ein Bakterium teilt sich aber etwa alle 20 Minuten. In kürzester Zeit werden so ganze Heerscharen von Bodenbakterien ausgelöscht.

Ein großes Problem stellt auch die hohe Beständigkeit dieser Stoffe dar. Ihr chemischer Abbau zu ungiftigen Endprodukten – zum Teil werden noch giftigere Zwischenprodukte als das ursprüngliche Mittel gebildet – dauert oft Jahre. Es kommt zu einer Anreicherung dieser Stoffe im Boden. Mineraldünger und Pestizide verschieben mit der Zeit den pH-Wert des Bodens zum Sauren hin, was zu einem Abwandern der Regenwürmer führt, auch wenn sie nicht direkt geschädigt sind. Aber die Lebensbedingungen sagen ihnen nicht mehr zu.

Organische Phosphatverbindungen

Das oben Gesagte gilt auch für die Klasse von Pestiziden, die aus organischen Phosphorverbindungen bestehen. Stoffe wie Parathion, Diazinon oder Malathion sind relativ harmlos, was ihre direkte Wirkung betrifft. Aber ihre Langzeitwirkungen und Kombinationseffekte, ihre Weitergabe in der Nahrungskette sind noch kaum untersucht.

Die Speicherung der Pestizide erfolgt vor allem im Fettgewebe, ohne daß die Würmer selbst darunter leiden. In den Körpern von Räubern, die sich hauptsächlich von Würmern ernähren, können dann diese Giftstoffe so hohe Werte erreichen, daß diese Tiere daran sterben. Es sei festgehalten, daß kleinere Arten mehr aufnehmen als größere.

Eine groß angelegte Studie in Amerika im Jahre 1970 zeigt eine klare Beziehung zwischen Bodenvergiftung und der Giftaufnahme durch Regenwürmer. Je mehr Gift im Boden vorhanden war, desto mehr Gift haben auch die Regenwürmer in ihrem Gewebe gespeichert. In Regenwurmkörpern wurden im Durchschnitt das 9fache der dem Boden verabreichten Dosen gefunden.

Schwermetalle

Im Zuge der oben genannten Untersuchung wurden besonders hohe Konzentrationen von Schwermetallen im Fettgewebe der Würmer gemessen. Schwermetalle gelangen nicht nur durch die Pestizide und Phosphatdüngung in den Boden, sondern in zunehmendem Maße auch durch die starke Luftverschmutzung, verursacht von Industrie und Verkehr.

Blei wird stärker als Cadmium, dies wiederum stärker als Zink und Nickel aufgenommen. Selen wurde bis zu 10mal mehr in Regenwürmern als im umgebenden Boden nachgewiesen, ohne die Würmer selbst zu schädigen. Hier tritt die Vergiftung größerer Tiere und die Anreicherung dieser Stoffe in der Nahrungskette in den Vordergrund. Schwermetalle schädigen nicht nur das Bodenleben, sondern auch den Boden und die Pflanzen.

Schwermetalle konkurrieren an den Ton-Humus-Komplexen mit den Nährstoffen um die Anlagerung. Das Fatale daran: Sie gewinnen meist! Die Nährstoffe werden verdrängt, gehen in Lösung, werden vermehrt ausgewaschen. Nimmt der Anteil an Schwermetallen im Boden stark zu und versauert der Boden durch falsche Bearbeitung oder durch den »Sauren Regen«, dann werden auch diese Schwermetalle wieder mobil, von der Pflanze aufgenommen, in deren Gewebe angereichert, und im Falle der Nutzpflanzen vom Menschen als dem letzten Glied in der Nahrungskette aufgenommen. Die Zunahme der sogenannten Zivilisationskrankheiten ist sicher auch auf die mangelnde Versorgung der Bevölkerung mit »vollwertiger« Nahrung zurückzuführen.

Resistenzen

Die Gefahr der Pestizide liegt auch darin begründet, daß immer mehr Schadorganismen gegen Bekämpfungsmittel resistent (widerstandsfähig) werden, was in der Folge immer stärkere Gifte verlangt. Von 1946 bis 1976 nahm die Zahl der resistenten Schädlingsarten von 0 auf 300 zu. Resistente Arten, stärkere Gifte, Schädigung des Bodenlebens, Zerstörung der Bodenstruktur, anfälligere Pflanzen, mehr Dünger und wieder stärkere Pflanzenschutzmittel, Anreicherung im Boden, weitere Verschlechterung usw...

Ein Teufelskreis, aus dem es kein Entrinnen gibt, der aber irgendwann einmal zusammenbrechen muß. Die einzige Möglichkeit besteht darin, über die biologische Schädlingsbekämpfung ein Gleichgewicht zwischen Schädlingen und Nutzorganismen herzustellen.

Fazit

Als Fazit läßt sich festhalten, daß Mineraldünger und Pestizide direkt durch ihren hohen Salzgehalt bzw. die starken Zellgifte, die sie enthalten, schädigend auf die Bodenlebewesen wirken. Indirekt schädigen sie durch die Förderung der Intensivkulturen ohne gleichzeitigen Nachschub von organischem Material. Der Boden wird in seiner Struktur zerstört. Es kommt zu Humusschwund. Den Mikroorganismen und den Regenwürmern wird das Futter und im wahrsten Sinn des Wortes der Boden entzogen.

Ein negatives Beispiel

Aus Jerry Minnich's Buch »The Earthworm Book« stammt das folgende Beispiel. Es ist die Geschichte eines rätselhaften Massensterbens von Wanderdrosseln (Lebensweise ähnlich unseren Amseln) auf einem amerikanischen Universitätsgelände und stellt ein ökologisches Lehrbeispiel dar. Alles hängt damit zusammen, daß Regenwürmer das Hauptfutter für junge Wanderdrosseln sind.

1959 beobachteten Studenten der Universität von Wisconsin in Madison ein massenhaftes Sterben von Wanderdrosseln. Die Vögel fielen zu Dutzenden tot von den Bäumen oder quälten sich unter heftigen Krämpfen am Boden, bis sie schließlich auch verendeten. Das gleiche massenhafte Sterben ging auch in den folgenden Jahren 1960 und 1961 weiter. Man stellte fest, daß in diesen 3 Jahren über 340 Wanderdrosseln verendet waren – auf Grund einer DDT-Vergiftung. Eine normale Population umfaßt etwa 3 bis 5 Wanderdrossel-Pärchen/ha. In den 3 Jahren ging demnach die Population einer Region von nahezu 100 ha zugrunde.

Was war geschehen? Über 3 Jahre wurden erst 33 kg/ha, später 15 kg/ha DDT zur Bekämpfung des Holländischen Ulmenkäfers versprüht. Das DDT wurde von den Wanderdrosseln nicht direkt aufgenommen, sondern die unfreiwilligen Unglücksbringer waren die Regenwürmer, ihr Nahrungsmittel. Sie akkumulierten dieses Gift in ihren Körpern, ohne selbst nennenswerte Schädigungen zu erleiden.

Dieses Vogelsterben trat immer im Frühjahr auf, wenn die Vögel von ihrer langen Reise aus dem Süden zurückgekehrt waren und so gut wie keine Fettreserven mehr aufwiesen, in die bekanntlich die meisten Umweltgifte (auch beim Menschen) abgelagert werden. Das Gift ging daher sofort in die Blutbahn über und gelangte von dort in das Gehirn der Vögel. Das erklärt ihr seltsames Verhalten auf dem Boden.

Die hohen DDT-Gehalte in den Regenwurmkörpern, das Futterverhalten der Vögel und ihren geringen Fettreserven führten schließlich zum traurigen Schicksal der Wanderdrosseln.

Nachdem man statt DDT (seit 1972 in der Bundesrepublik verboten!) Methoxychlor genommen hatte, konnte sich die Wanderdrosselpopulation wieder erholen.

Bedenkt man nun, daß viele Vögel eine Unmenge an Insekten, darunter zahlreiche Schädlinge vertilgen, dann wird ganz deutlich, was passieren kann, wenn man die ökologischen Zusammenhänge nicht kennt oder nicht beachtet. In dieser Richtung muß noch viel mehr geforscht und das Bewußtsein für ökologische Zusammenhänge vor allem bei Forst- und Landwirten, Gärtnern, aber auch bei jedem einzelnen von uns, verstärkt werden.

Ein positives Beispiel

Ein weiteres Beispiel für die ökologische Bedeutung der Regenwürmer ist die Tatsache, daß Regenwürmer durch ihre Kothäufchen indirekt das Material für Lehmwespenbauten liefern. Indische Wissenschaftler sammelten 1969 Wespen zu Beobachtungsstudien ein. Dabei sahen sie einer Wespe zu, die über Regenwurmhäufchen schwebte, von einem Hügel zum anderen flog, dann von einem Hügel etwas abbiß, einen Ballen formte und forttrug. Sie wußte offenbar genau, daß Regenwurmkrümel stabiler und durch Mikroorganismen besser verklebt sind als normale Erdkrümel und ihre Wohnröhre somit auch stabiler sein würde. Damit gelangt sie und ihre Kolonie in den Genuß eines besseren Schutzes und hat größere Überlebenschancen.

Auch der Mensch profitiert letztendlich von der Klugheit dieser Wespen, die bekanntlich zusammen mit Bienen, Hummeln, Schmetterlingen und anderen Insekten für die Bestäubung der Pflanzen, auch unserer Kulturarten, sorgen. Dadurch, daß Tiere konsequent alle Möglichkeiten nutzen, ihre Überlebenschancen zu verbessern, helfen sie auch, unsere Erträge zu sichern. Dieses Beispiel macht auch wieder deutlich, wie wenig wir über die tatsächlichen Verflechtungen der einzelnen Glieder in der Natur wissen. Jedes Individuum, jedes Tier, jede Pflanze, auch Bakterien und Viren haben ihre Aufgabe und Bedeutung in diesem komplizierten System. Eingriffe, die man irgendwo im System vornimmt, können an ganz anderer Stelle Folgen zeitigen, mit denen man nie und nimmer gerechnet hat. Es ist daher sinnvoll, dieses höchst wirksame, aber äußerst labile Gleichgewicht nicht zu stören und eine möglichst große Vielfalt an Arten und Biotopen zu erhalten und neu einzurichten.

Räuber, Parasiten, Krankheiten

Regenwürmer sind relativ unbewegliche Tiere und daher eine leichte Beute für viele Tiere. Vögel stellen ihnen genauso nach wie Laufkäfer oder Maulwürfe. Ihr hoher Eiweißgehalt, der große Gehalt an lebensnotwendigen Aminosäuren und der beachtliche Fettanteil, sowie ihr Mangel an geeigneten Verteidigungsmöglichkeiten lassen sie als leichte und schmackhafte Beute erscheinen.

Tiere

Vögel

Unter den Vögeln sind es vor allem Amseln, Stare, Drosseln, Möwen und Krähen, die sich gern von Regenwürmern ernähren. Jeder kennt die Krähen- oder Möwenschwärme, die sich auf einem frisch umgebrochenen Feld hinter dem Pflug ansammeln. In Parks und auf öffentlichen Grünflächen oder auf dem heimischen Rasen kann man Amseln beobachten, wie sie auf Regenwurmfang gehen, dabei den Kopf mal nach rechts mal nach links zur Erde neigen, als wollten sie horchen, wo sich der Wurm gerade befindet, um dann gezielt mit einem schnellen Schnabelschlag den Regenwurm ans Tageslicht zu befördern.

Insekten, Reptilien

Verfolgt werden Regenwürmer auch von Laufkäfern, Kurzflügelkäfern und vor allem von Tausendfüßlern und Steinkriechern. Es gibt auch fleischfressende Schnecken, die sich hauptsächlich von Würmern ernähren. Zu den Feinden des Regenwurms zählen auch Salamander, Kröten und Schlangen. Vor allem Nattern sind Regenwürmern gegenüber nicht abgeneigt.

Säugetiere

Die wichtigsten Räuber der Regenwürmer stellen aber – zumindest unter den Säugetieren – Igel, Dachs, Feld- und Spitzmaus, Ratte und vor allem der Maulwurf dar.

Maulwürfe sind rechte Nimmersatte. Er verzehrt täglich Nahrung in einer Menge, die seinem Eigengewicht entspricht. Ohne Nahrung bleibt er nur wenige Stunden am Leben. Deshalb hält er auch keinen Winterschlaf. Außer Regenwürmern frißt er noch Insektenlarven, Spinnen, Asseln, Tausendfüßler, auch mal eine Spitzmaus oder einen Frosch. Für den Winter legt er regelrechte Speisekammern an, in denen sich oft ganze Berge von Regenwürmern und Engerlingen finden. Über Tausend Würmer wurden in solchen Vorratskammern schon gezählt. Die Regenwürmer waren so geschickt verstümmelt, daß sie zwar noch lebten, aber sich nicht mehr fortbewegen konnten.

Parasiten

Würmer haben nicht nur mit ihren gefräßigen Räubern zu kämpfen, sondern oft werden sie auch noch von Parasiten geplagt. Im Regenwurmkörper wurden Bakterien, Geißeltierchen, Wimpertierchen, Fadenwürmer, Bandwurmstadien

Zu den größten »Regenwurmräubern« zählt der Igel.

Seite 65: Ein hoher Regenwurmbesatz lockt den Maulwurf, der sich auch von Würmern ernährt.

und Fliegenlarven gefunden. Vor allem letztere können den Regenwurm töten, indem sie ihn während ihrer Entwicklung auffressen. Diese Fliegenlarven können erheblich zur Dezimierung von Regenwurmpopulationen beitragen.

Weit verbreitet und das in nahezu allen Organen sind Gregarinen (einzellige Schmarotzer in wirbellosen Tieren). Vorwiegend findet man sie allerdings im Darm und in der Samenblase. Auch verschiedene Entwicklungsstadien von Plathelminthen (Plattwürmer) wurden schon in Regenwürmern, vor allem in asiatischen Arten, gefunden. Sehr häufig kommen auch Fadenwürmer in Regenwürmer vor. Obwohl sich darunter auch Arten befinden, die als Haustierparasiten bekannt sind, wird der Regenwurm nicht geschädigt, da er nur als Zwischenwirt fungiert.

Krankheiten

Berichte über spezielle Krankheiten des Regenwurms liegen verständlicherweise auf Grund seiner versteckten Lebensweise und dem weitgehenden Desinteresse an ihm bisher kaum vor.

Ein Fall einer durch ein Bakterium verursachten Krankheit ist bekannt. Es handelt sich dabei um das Bakterium *Enterobacter aerogenes*, das auch beim Menschen bei Wund- und Harnweginfektionen gefunden wird und unter anderem auch für Meningitis (Gehirnhautentzündung) und Gehirnabszesse verantwortlich ist. Beim Wurm äußert sich eine Infektion mit *E. aerogenes* durch einen stecknadelgroßen Punkt in der Gürtelregion, der sich zu größeren Flecken ausweitet, die nach und nach den ganzen Wurmkörper überziehen. Solchermaßen infizierte Würmer werden träge, nehmen keine Nahrung mehr auf und verlieren rapide an Gewicht. Letztendlich sterben die Würmer wohl an Sauerstoffmangel, den sie über ihre angegriffene Haut nicht mehr genügend aufnehmen können.

Es scheint nun wiederum so zu sein, daß Würmer in Wiesen weniger belastet sind als solche, die mit Küchen- und Gartenabfällen, Kuhmist und verrottetem Laub gefüttert werden. Dies legt die Vermutung nahe, daß sich die Würmer über menschliche und tierische Abfälle infizieren, die mit *E. aerogenes* verseucht sind.

Regenwürmer als »Schädlinge«

Wenn man der landwirtschaftlichen und gärtnerischen Literatur aus dem 18. und 19. Jahrhundert Glauben schenkt, so sind Regenwürmer sehr wohl schädlich, weil sie die Pflanzenwurzeln abfressen und daher bei jeder sich nur bietenden Gelegenheit zu töten sind. J. W. Hönert schrieb 1774 in seiner »Gründlichen Anweisung zum Anlegen und Unterhalten eines wohlbestellten Blumengartens«: »Regenwürmer sind zu töten, wo man sie findet«. Etwa hundert Jahre später kann man immer noch folgendes lesen: »Diese (Regenwürmer) zernagen die Wurzeln an den Gewächsen gerne, wenn sie sich daran hangen. Derowegen muß man sie in den Gärten so wenig als nur möglich leiden«. Selbst als man wußte, daß Regenwürmer keine Mundwerkzeuge besitzen, mit denen sie Pflanzenwurzeln abbeißen könnten, behauptete 1869 C. G. Giebel, daß sie ... »durch Entziehung der aufgelösten Nährstoffe die Pflanzen schädigen«.

Das Vorurteil, daß Regenwürmer Wurzeln anknabbern, hat sich – wider besseres Wissen – leider bis heute erhalten. Aber die Erkenntnis über die Nützlichkeit der Regenwürmer und deren Losung für die Bodenverbesserung und Fruchtbarkeit setzt sich langsam durch.

Wühlen, Kothäufchen

Trotzdem gibt es einige Situationen und Bereiche wo Regenwürmer nicht gerade gern gesehene Gäste sind.

Treten Regenwürmer in zu großen Massen auf, z. B. in Saatkästen und Anzuchtbeeten, so reißen sie durch ihre Wühltätigkeit die Sämlinge heraus, was natürlich nicht gern gesehen wird und bei einem Erwerbsgemüsebauern auch wirtschaftliche Folgen hat.

Auch auf Golfplätzen oder anderen dem Sport dienenden Flächen, sowie im englischen Rasen der Vorstadthäuschenbesitzer sind Regenwürmer und vor allem ihre Kothäufchen ein absolu-

ter Störfaktor. Auf Golfplätzen scheut man sich nicht, durch Giftspritzungen die Regenwürmer abzutöten.

Lockwirkung auf Maulwürfe

Indirekt wirken Regenwürmer auch dadurch schädigend, daß sie – sehr zum Leidwesen des Gärtners – bei hoher Besatzdichte ihren Hauptfeind den Maulwurf anlocken. Er kann durch seine Grabtätigkeit und die aufgeworfenen Hügel ganz erheblichen Schaden im Rasen oder Gemüsebeet anrichten. Maulwurfsgänge werden auch gerne von Feldmäusen benutzt, die sich dann an den Wurzeln unserer Gemüse gütlich tun. Immer ist der Regenwurm aber nur Auslöser, niemals direkter Schädling.

Zwischenwirt für Parasiten

Eine Gefahr stellen Regenwürmer insofern dar, als sie als Zwischenwirte für einige Nematoden, die als Haustierparasiten bekannt sind, fungieren. Der Schweinelungenwurm (*Metastrongylus*) benötigt für seine Entwicklung Regenwürmer der Gattungen *Eisenia*, *Lumbricus* und *Allolobophora*. Auch einige Geflügelparasiten durchleben einen Teil ihrer Entwicklung im Regenwurm.

Durch ihre Freß- und Wühlarbeit tragen sie zur Verbreitung von Bodenpilzen und Bakterien – auch pathogener Arten – bei. Bisher liegen keine Veröffentlichungen vor, daß es deshalb zu ernsten gesundheitlichen Schäden oder wirtschaftlichen Einbußen gekommen wäre.

Beispiel

Nur einmal, so wird berichtet (Graff 1983), waren Regenwürmer indirekt eine Gefahr für Leib und Leben von Menschen. Auf dem internationalen Flughafen von Kopenhagen stellten zahlreiche Möwen den Regenwürmern nach und gerieten mitunter in die Triebwerke der Flugzeuge. Ein Absturz lag durchaus im Bereich des Möglichen. Man entschloß sich deshalb, die Möwen zu vergiften. Aber deren Fürsprecher waren zu zahlreich, daß es einfacher war, die Regenwürmer zu töten. Danach blieben auch die Möwen weg und die Sicherheit des Flughafens war wieder gewährleistet.

Nutzen unbestritten

Abgesehen von diesen wenigen Beispielen, wo Regenwürmer – zumindest indirekt – schädlich sein können, ist ihre Nützlichkeit heute unbestritten. Sie werden als Angelköder, Bodenverbesserer und Wurmhumuslieferanten eingesetzt. Auch als Proteinquelle im Mastierzuchtbereich sind sie im Gespräch. *Eisenia foetida* soll organische Abfälle und Klärschlamm der Kommunen in feinsten Humus verwandeln. In Hamburg versucht man mit Hilfe von *Lumbricus rubellus* das Waldsterben aufzuhalten.

Regenwürmer als Testorganismen

Der Regenwurm ist das größte wirbellose Bodentier. Deshalb und weil seine Nützlichkeit allgemein anerkannt wird, benutzt man ihn in zunehmendem Maße als Testorganismus.

Viele umweltbelastende Schadstoffe wie Pestizide, Industrieemissionen, Autoabgase und Schwermetalle gelangen in den Boden und werden vom Regenwurm durch seine Freßtätigkeit oder über die Körperoberfläche aufgenommen. Wegen dieser Eigenschaften hat man inzwischen Richtlinien zur Untersuchung der Einflüsse von Agrochemikalien auf Regenwürmer erarbeitet.

Beurteilung von Pflanzenschutzmitteln

Mit ihrer Hilfe will man die Wirkung von Spritz-, Streu- und Stäubemitteln, die in der Land- und Forstwirtschaft verwendet werden, beurteilen. Wenn zum Beispiel ein Pflanzenschutzmittel sich für Würmer als schädlich erweist, dann erhebt sich die Frage, ob auch andere Bodenorganismen geschädigt werden. Man muß nun prüfen, ob die Substanz sich längere Zeit im Boden erhält oder durch einen schnellen chemischen Abbau keine weiteren nachteiligen Wirkungen mehr zu befürchten sind.

In der Praxis sieht das etwa so aus, daß frisch gefangene oder gezüchtete Tiere in flache Schalen mit der zu prüfenden Chemikalie in wäßriger Lösung gelegt werden. Verhalten sie sich ruhig, kann man auf die Unschädlichkeit schließen. Verfallen sie dagegen in heftig schlagende Bewegungen, winden sie sich in Krämpfen, wirft ihre Haut Blasen oder sterben sie sehr rasch ab, dann dürften Substanzen enthalten sein, die auch im Freiland die dortige Wurmpopulation schädigen.

Für Freilandversuche werden Würmer eingefärbt (völlig harmlos mit einer Lebensmittelfarbe, die etwa 3 Monate sichtbar bleibt), ausgesetzt und die entsprechenden Parzellen mit dem zu testenden Pflanzenschutzmittel gespritzt. Die Schädlichkeit wird an Hand der wiedergefundenen Anzahl eingefärbter Würmer beurteilt.

Medizinische Untersuchungen

Man benutzt Regenwürmer auch, um möglicherweise krebserzeugende Substanzen zu testen. Je nachdem, ob Regenwürmer Tumore ausbilden oder nicht, hat man Anhaltspunkte für die Gefährlichkeit dieser Stoffe.

Über die medizinische Wirkung der Regenwürmer bzw. der von ihnen produzierten Substanzen wurde schon auf Seite 31 berichtet. An dieser Stelle sei nochmals erwähnt, daß es zahlreiche Beispiele über den Gebrauch von Regenwürmern in der Volksmedizin gibt. Zwei japanische Forscher fanden um die Jahrhundertwende eine fiebersenkende Substanz in Regenwürmern, und vor über 30 Jahren entdeckte der deutsche Wissenschaftler Hasenbein, daß der Tauwurm (*Lumbricus terrestris*), ähnlich wie Frösche, für Schwangerschaftstests tauglich ist. Vor Jahren wurde in Würmern auch eine bronchienerweiternde Substanz gefunden und isoliert.

Wurmzucht und Wurmhumus

Wurmzüchter kann jeder werden. Dazu bedarf es keiner großen Kenntnisse oder Vorbildung. Ob Kleingärtner, Landwirt, Obst- oder Weinbauer, Hausfrau oder Hausmann, jeder hat die Möglichkeit, die anfallenden organischen Abfälle mit Hilfe von Regenwürmern zu kompostieren und in wertvollsten Humus umzuwandeln. Das ist im Garten, im Keller und sogar auf dem Balkon möglich.

Der Markt für Würmer

In Nordamerika, Kanada, Italien und Holland existieren sogenannte Regenwurm-Farmen, die im Extremfall täglich bis zu 10 Mio. Regenwürmer »ernten«. Diese Farmen entstanden aber allerdings nicht mit dem Ziel der Humusproduktion zur Bodenverbesserung, sondern um den hohen Bedarf an lebenden Ködern für die vielen Sportangler zu decken.

Regenwürmer als Köder können beim Forellenfischen die »Fliegen« durchaus ersetzen und übertreffen sie in vielen Fällen sogar.

Heutzutage hat sich der Markt für Regenwürmer erheblich ausgeweitet. Es werden neu hinzukommende Züchter mit Brut, Laboratorien und Zoologische Gärten mit Versuchs- und Futtertieren beliefert und Mastbetriebhalter, wie Schweine- und Hühnerzüchter, sowie Forellen- und Karpfenzüchter mit Lebendfutter versorgt.

Die Gewinnung von Wurmhumus ist in den USA beispielsweise auch heute noch nur ein Nebengeschäft der Regenwurmzucht.

Humuserzeugung

Es soll hier nicht die großtechnische Produktion von Wurmbiomasse besprochen werden, wiewohl später noch einige kritische Anmerkungen zur gewerblichen Zucht von Regenwürmern gemacht werden (s. Seite 114). An dieser Stelle soll vielmehr dem Gärtner, dem Landwirt und allen ökologisch Interessierten aufgezeigt werden, wie man durch Kompostierung mit Hilfe von Würmern höchstwertige Garten-und Topferde erzeugen kann, um unsere ausgelaugten Böden zu verbessern.

Bei der überall zu beobachtenden Zerstörung unserer Umwelt, dem Verlust von wertvollem Land durch Zersiedlung und Mißwirtschaft, fällt deshalb auch und gerade dem Kleingärtner die Aufgabe zu, wieder vermehrt den Humus im Garten aufzubauen und die Bodenfruchtbarkeit zu vermehren. Gerade im eigenen Garten sollte so naturnah wie nur irgendmöglich gearbeitet werden. So leistet jeder Einzelne von uns seinen persönlichen Beitrag zur Erhaltung der Natur.

Welcher Wurm für welchen Zweck?

Kompostierung

Für die Kompostierung am besten geeignet ist der Mist- oder Kompostwurm, *Eisenia foetida* mit den Unterarten *foetida* und *andrei* (quergestreift und einfarbig weinrot). Sie werden auch unter so phantasievollen Namen wie »Tennessee-Wiggler«, »Roter Kalifornier«,

Der Kompostwurm (Eisenia foetida) fühlt sich in Pferdemist besonders wohl.

»Soilution Earthworm«, »Zebra- und Tigerwurm«, »Taihai« u.a.m. vertrieben.

Bekannt ist auch der Rotwurm (*Lumbricus rubellus*), eigentlich ein Streubewohner, der sich ebenfalls zur Kompostierung eignet und wegen seiner durchgehend rötlichen Färbung oft mit der Art *Eisenia foetida* ssp. *andrei* verwechselt wird, aber im allgemeinen etwas kräftiger als dieser ist und ein etwas abgeflachtes Hinterende aufweist.

Beide gedeihen und vermehren sich gut in Kompostbehältern und Misthaufen. *Eisenia foetida* ist die am weitesten verbreitete Art, die auch von kommerziellen Züchtern angeboten wird.

Als Bodenverbesserer sind sie nur bedingt einsetzbar, da sie als Oberflächenbewohner nur die obersten 20 cm durchwühlen. Das ist aber die entscheidende Humusschicht, in der sich auch der Hauptteil der Pflanzenwurzeln, zumindest der Gemüse und der flachwurzelnden Stauden und Bäume, ausbreiten.

Beide Wurmarten legen in diesem Krumenbereich ein regelrechtes Netzwerk von Röhrengängen an. Damit belüften sie den Boden, sorgen für schnellen Ablauf von Starkregen und liefern den Wurzeln ausgewogene Nahrung an die Wurzelhaare.

Um sie aber im Boden am Leben zu erhalten, muß man sie beständig mit organischem Material versorgen und durch eine dauernde Bodenbedeckung, z.B. durch Mulchen, für genügend Feuchtigkeit und Sonnenschutz sorgen. Aber spätestens im Winter, wenn der Boden tiefer als 20 cm friert stirbt ein Großteil der Population ab.

Bodenverbesserung

Für die nachhaltige Verbesserung von ausgelaugten Böden und zum Aussetzen in Obst- und Weingärten eignen sich zwei andere im Freiland weit verbreitete Arten. Es handelt sich dabei um den Tauwurm (*Lumbricus terrestris*) und den gemeinen grauen Feld- oder Regenwurm (*Allolobophora caliginosa*).

Beide sind tiefbohrende Arten, die je nach Bodenbeschaffenheit bis zu 3 m und tiefer in den Unterboden vorstoßen. Sie ernähren sich vor allem von angerotteten Blättern und Gräsern, von abgestorbenen Pflanzenwurzeln sowie Algen und Bakterien. Durch ihre besondere Lebensweise vermischen sie den mineralischen Unterboden mit der organischen Materie, machen schwere Böden locker und sandige Böden bindig, drainieren und belüften die Krume. Wurzeln erhalten den nötigen Raum, um sich entwickeln zu können und werden besser mit Mineral- und Nährstoffen versorgt.

Die zuvor genannten Arten, *L. terrestris* und *A. caliginosa* ziehen tiefere Bodentemperaturen, etwa um 10 °C vor. Sie überstehen ohne weiteres Fröste, da sie sich in tiefere frostfreie Boden-

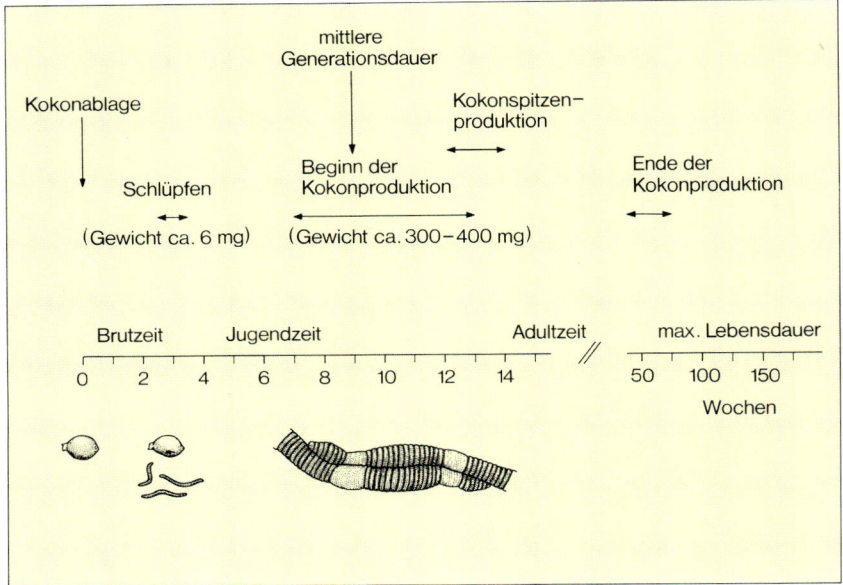

schichten zurückziehen können. Trotzdem werden sie gelegentlich auch in Komposthaufen gefunden. Sie sind dort aber nur kurzzeitige Gäste. Die höheren Temperaturen, um etwa 20 °C, sagen ihnen nicht besonders zu. Mit Erreichen der Geschlechtsreife beginnt der Dauerwandertrieb und sie verlassen den Komposthaufen wieder. Unter geeigneten Umweltbedingungen, durch Gründüngung und Kalkung lassen sie sich im Boden halten und vermehren.

Die beiden Wurmarten sind schwerer in Zucht zu nehmen und daher auf dem Wurmmarkt kaum zu finden. Nur spezialisierte Züchter beliefern vor allem Laboratorien und Angelsportfachgeschäfte. Wer also den Tau- oder Regenwurm im Obstgarten aussetzen will, muß sich die Tiere für den Zuchtaufbau selbst im Wald oder auf der Wiese suchen. Über spezielle Fangmethoden wird auf Seite 119 berichtet.

Vermehrung und Umsatz des Kompostwurmes

Die Mist- oder Kompostwürmer (*Eisenia foetida*) haben im Gegensatz zu anderen Freilandarten eine hohe Vermehrungsrate und entwickeln sich besonders schnell. Es sind Allesfresser, stellen wenig Ansprüche an ihr Futter und passen sich relativ schnell jedem neuen Nährboden an.

Entwicklung, Vermehrung

Kompostwürmer werden maximal 13 cm lang, sind aber im Durchschnitt 6 bis 8 cm groß. Sie sind leicht an der rosaroten bis roten Farbe und den hellen fast gelben Furchen zu erkennen. Unter günstigen Bedingungen erzeugt ein Elterntier von *E. foetida* jede Woche 1 bis 2 Eikokons, aus denen bereits nach etwa 3 Wochen 2 bis 20 Jungwürmer

Wichtige Entwicklungsabschnitte des Kompostwurms (Eisenia foetida).

schlüpfen, von denen im Durchschnitt 4 überleben. Nach nur 3 Monaten sind diese Würmer geschlechtsreif und selbst wieder in der Lage Kokons zu produzieren. Rein rechnerisch sind so von einem Wurm über 1000 Nachkommen in einem Jahr zu erwarten. Tatsächlich liegt aber die Vermehrungsrate zwischen 200 und 400 Nachkommen pro Wurm und Jahr. Eine Faustregel besagt: man soll mit einem Jungwurm pro Tag und Alttier rechnen. Persönliche Erfahrungen haben aber gezeigt, daß im Freiland, aber auch im Komposthaufen, mit einer höchstens 10fachen Vermehrung zu rechnen ist.

Futter, Umsatz

Das durchschnittliche Lebendgewicht eines Mistwurms in ausgewachsenem Zustand beträgt etwa 0,3 bis 0,5 g. Unter optimalen Lebensbedingungen, wie ausreichender Feuchtigkeit, Dunkelheit, 20 bis 25 °C Substrattemperatur, appetitanregender Futtermischung mit einem engen C/N-Verhältnis von 16 bis 18 zu 1 frißt ein Mistwurm mehr als die Hälfte seines Gewichtes pro Tag. 15% der aufgenommenen Nahrung fallen als Wurmlosung an. Der Rest wird für Lebenserhaltung und Vermehrung verbraucht. Bei der herkömmlichen Kompostierung ohne den Regenwurm rechnet man mit einem reinen Komposterde-Ertrag von 40 bis 30% des Ausgangsvolumens. 15% Ertrag bei der Wurmkompostierung bedeuten dagegen eine erhebliche Volumenreduktion und damit Platzersparnis. Bei einer Besatzdichte von z. B. 1000 *Eisenia foetida*/m^2 Behältergrundfläche, dauert es etwa ein Jahr, bis sich die natürliche, auf das jeweilige Futterangebot und den verfügbaren Raum abgestimmte Besatzdichte einstellt.

Berechnung der Besatzdichte

Will man für seinen Kompostbehälter oder Kompostmiete vorab die optimale Besatzdichte, d. h. die Anzahl der einzusetzenden Würmer, bestimmen, so geht man nach folgender Rechnung vor (Stark 1985, pers. Mitt.):

Um das Volumen in Gewicht umzurechnen, nimmt man eine Kompostdichte von 0,7 bis 0,8 an (1 l ≙ 700 bis 800 g oder 1000 l ≙ 1 m^3 ≙ 700 bis 800 kg). Die Menge (kg) wird auf 200 Tage Vegetationszeit, d. h. die Aktivitätsphase der Würmer, verteilt. Wird die erzielte Tagesmenge durch den angenommenen Tagesverzehr von 0,2 g/Wurm dividiert, ergibt sich die notwendige Wurmmenge bzw. Besatzdichte.

Beispiel:
Grundfläche Kompostbehälter   1,0 m^2
Höhe Kompostbehälter: 0,8 m
Volumen Kompostbehälter:
1 m^2 × 0,8 m =   0,8 m^3
Gewicht Kompost: 0,8 m^3 × 700 kg/m^3
= 560,0 kg (Dichte von Kompost etwa 0,7 = 700 kg/m^3)
Menge/Tag:
560 kg : 200 Tage =   2,8 kg/Tag
Tagesverzehr: 0,2 g/1 Wurm
Benötigte Anzahl Würmer:
2,8 kg : 0,2 g = 14 000 Würmer

Bei einer Vermehrungsrate von 1 Jungwurm/Tag und Alttier beträgt die Anfangspopulation etwa 1000 Würmer. Je mehr Würmer man einsetzt, desto

Ein selbstgebauter Kompostbehälter in einfacher Lamellenbauweise genügt meistens.

schneller und intensiver wird das Substrat verarbeitet. Aber man muß aufpassen, daß kein Nahrungsmangel auftritt, was durch das Fehlen oder Abwandern von weißen Jungwürmern festzustellen ist. In diesem Fall muß mehr Platz geschaffen oder müssen Würmer entfernt werden. *Eisenia foetida* wird maximal 3 Jahre alt. Der Durchschnitt liegt bei 1 bis 2 Jahre.

Wurmzucht im Kompostbehälter

Für die Kompostierung der Haus- und Gartenabfälle eignen sich nahezu alle im Handel erhältlichen Kompostkästen und -silos.

Behälter

Ausführungen in Holz, Eternit oder Stahlbeton sind genauso gut wie einfache Drahtgewebesilos oder selbstgebaute Kompostkästen. Alle sollten aber folgende Anforderungen erfüllen:
1. Kontakt mit dem Boden (zwecks Einwanderung des Bodenlebens)
2. Öffnungen (Schlitze, Löcher) für den Luft- und Gasaustausch und um überschüssige Flüssigkeit abzuleiten
3. Sonnen- und Windschutz, um ein Austrocknen zu verhindern.

Kompostbehälter bieten den Vorteil, daß die Abfälle (organische Reststoffe!) auf engsten Raum gesammelt werden und jederzeit, so wie sie anfallen, eingefüllt werden können. Der Arbeitsaufwand bei Verwendung von Kompostbehältern ist geringer, da das Auf- und Umsetzen von Mieten entfällt und auf ein Verrotten bzw. Nachrotten verzichtet werden kann. Dies erledigen die eingesetzten Würmer für uns. Das Ganze macht zudem einen stets sauberen und gepflegten Eindruck.

Den Standort für den Kompostbehälter sollte man jedoch sehr sorgfältig auswählen. Er muß vor allzu starker Sonneneinstrahlung und Wind geschützt werden, damit der Inhalt nicht austrocknet. Am besten eignet sich ein etwas halbschattiger Platz, z. B. neben Hollunderhecken.

Behälter-Bausätze

Gut bewährt hat sich ein Kompostsilo in Lamellenbauweise, das ursprünglich von Könemann, dem Altmeister der Kompostierung, entwickelt wurde. Es wird in fast jedem Heimwerkerbaumarkt oder Gartencenter angeboten.

So sollte ein Komposthaufen nicht aussehen.

Die Wände bestehen aus schräg gestellten Holzlamellen, die an der Vorderwand herausnehmbar sind. Am Boden steht der Komposter auf einem Rost. So kann Luft in ausreichendem Maße und von allen Seiten eindringen und überschüssige Flüssigkeit austreten. Der Behälter läßt sich zudem einfach mit einem Deckel oder Plastikfolie abdecken. Dieser Kompostbehälter eignet sich sehr gut für eine Zeilenbauweise, weil für 2 Kammern nur eine Zwischenwand nötig ist. Dies ist, wie wir später noch erfahren werden, von Bedeutung, wenn wir unsere organischen Abfälle mit Hilfe der Kompostwürmer vererden wollen.

Ähnliche Silos, die auf die gleiche Art und Weise konstruiert sind, und nur zusammengesteckt werden müssen, gibt es auch in anderen Materialien, wie Eternit oder Stahlbeton. Ausführungen aus Holz passen wohl am besten ins Bild eines ökologisch orientierten Gartens. Es gibt genügend ungiftige Imprägniermittel auf dem Markt, um einen Kompostbehälter aus Holz auf Dauer haltbar zu machen.

Wer sein Silo selbst baut und dabei unbehandelte Kiefern- oder Fichtenstangen verwendet, die man für wenig Geld erhält, läuft zwar Gefahr, daß ihm das Gestell nach und nach verfault, dafür wird es aber von den Mistwürmern gleich wieder zu guter Gartenerde verarbeitet.

Anstellen und Befüllen

Nachdem man sich für einen Platz entschieden hat, wird die Grundfläche – und dies ist der erste Unterschied im Vergleich zur normalen Kompostierung – mit einer Lage engem Kükendraht oder – weniger gut – mit eng aneinander liegenden alten Mauersteinen gegen Wurmräuber (Spitzmäuse, Maulwürfe) gesichert. Darauf stellt man den gekauften oder selbstgebauten Komposter.

Beschickt wird der Behälter nach den allgemein gültigen Regeln der Kompostierung. Zuerst ein paar Schaufeln Erde, dann kleingehäckseltes Grobmaterial. Danach folgen organische Reststoffe aus Küche und Garten. Hin und wieder sollte dünn etwas Erde und Kalk darüber gestreut werden, etwa alle 15 cm. Der Kompostinhalt muß stets feucht gehalten werden. Komposter aus Baustahlgewebe oder Maschendraht sollten von innen mit schwarzer Folie verhängt werden, um die Austrocknung zu vermeiden und weil die Würmer es gern dunkel mögen. Sobald die Abfälle die Folie nach Außen drücken, werden Löcher hineingestochen. Das spart Wasser und dient der Belüftung.

Was wird kompostiert?

Zum Kompostieren bzw. als Wurmfutter können alle organischen Abfälle aus Küche und Garten genommen werden: Obst-, Gemüsereste und Kartoffelscha-

len, sämtliches weiches Grünzeug, Kaffeesatz mit Filtertüte, Teereste, Haare, Staubsaugerbeutelinhalte, verwelkte Blumen, Zeitungspapier und Pappe (geknüllt und gewässert), Grasschnitt, Fallobst und nasses Laub, Hecken- und Staudenschnitt, Weihnachtsbäume (gehäckselt oder geschreddert) usw.

Zusammensetzung

Wichtig ist die Zusammensetzung des Futters. Es sollte möglichst abwechslungsreich und gut durchmischt werden. Ähnlich wie beim Menschen die Nahrung das richtige Verhältnis von Kohlenhydraten und Eiweißen aufweisen sollte, muß man beim Futterangebot für Würmer auf die richtige Mischung von Kohlenstoff (C) und Stickstoff (N) achten. Beim Kompostwurm sollte dieses »C-N-Verhältnis« etwa 16 bis 18 : 1 betragen (s. Tab. Seite 75). Das richtige Mischen von Regenwurmfutter bzw. das »Komponieren« eines optimalen Kompostes wird in einem späteren Abschnitt besprochen (s. Seite 79).

Wenn wir am Grunde unseres Kompostbehälters für ein gutes Substrat in Form von Erde, kleingehäckseltem Stroh, Reisig, Baum- oder Strauchschnitt, zerknülltes Zeitungspapier und zerrissene Kartonagen (gut durchfeuchtet) gesorgt haben, werden sich die Kompostwürmer wohlfühlen und die Möglichkeit haben, sich hierher zurückzuziehen, falls im Futtermaterial zeitweise ungünstige Bedingungen, wie Vergärungswärme, Trockenheit, Staunässe oder ein zu saures Milieu, entstehen sollten.

Einsetzen des Wurmes

Eingesetzt werden können die Kompostwürmer zu jeder Jahreszeit. Am besten jedoch 7 bis 8 Wochen, nachdem man einen für die Regenwurmaufnahme präparierten Kompostbehälter mit Substrat und den ersten Gartenabfällen, die wohl ab Mitte Mai anfallen, beschickt hat. Während dieser Zeit durchläuft das frische Material die Heißphase und wird schon vorgerottet, so daß es für die jetzt eingesetzten Würmer schon mundgerecht zubereitet ist. Von nun an hat neu eingebrachtes Futter genügend Zeit vorzurotten, bis sich die Würmer durch die alten Lagen hindurchgefressen haben und langsam von unten nach oben und von den Seiten in die Mitte die Abfälle durchwühlen.

Wird ein Kompostbehälter im ganzen gefüllt, müssen die Würmer warten, bis

Material, das von Würmern verwertet wird: Laub (ganz links), Pappe und Papier (links), Strauch- und Heckenschnitt (rechts).

Das C-N-Verhältnis verschiedener organischer Stoffe in der Trockensubstanz	
Harn	0,8
Mistsickersaft	1,9–3,1
Gemischte Schlachthofabfälle	2
Blut	3
Fäkalien	6–10
Grünmasse	7
Humus, Schwarzerde	10
Mistkompost, acht Monate kompostiert	10
Rasenschnitt	12
Kot landwirtschaftlicher Nutztiere	15
Reifer Mistkompost, vier Monate alt ohne Erde kompostiert	15
Stapelmist nach dreimonatiger Lagerung	15
Hülsenfruchtstroh	15
Luzerne	16–20
Stroharmer Frischmist	20
Küchenabfälle	23
Kartoffelkraut	25
Fichtennadeln	30
Frischer Stalldung bei starker Stroheinstreu	30
Schwarztorf	30
Stadtmüll	34
Baumlaub	50
Weißtorf	50
Getreidestroh	50–150
Haferstroh	50
Roggenstroh	65
Weizenstroh	125
Verrottetes Sägemehl	208
Sägemehl	511

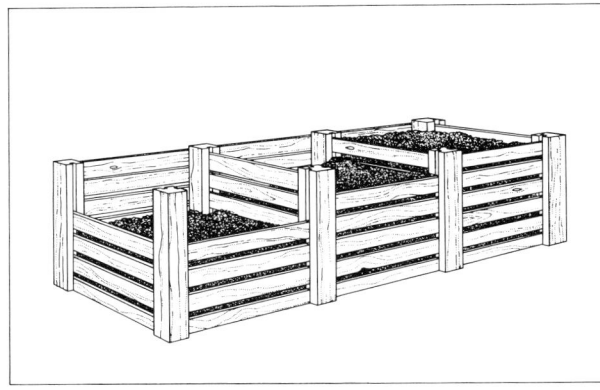

Ein mehrzeiliger Behälter ermöglicht eine rationelle Produktion von Wurmhumus.

die Hitzephase abgeklungen ist. Sie können nur kurzzeitig 28 bis 30 °C aushalten, und kämen, oben in den Kompost eingesetzt, durch den heißen Kern von etwa 65 °C inmitten des Kompostbehälters nicht hindurch in den wohltemperierten Untergrund.

Fröste

Ein anderes Temperaturproblem stellen die Fröste im Winter dar.

Im Gegensatz zu anderen Autoren teile ich nicht die Ansicht, daß sich *Eisenia foetida*, wie etwa freilebende Regenwürmer, bei Frost in tiefere frostfreie Bodenschichten zurückziehen und dort, in einer Art Winterstarre zusammengerollt, die ungünstige Zeit überdauern können.

Es ist daher im Winter darauf zu achten, daß der Kompostbehälter nicht durchfriert. Notfalls muß man ihn mit geeignetem Material, wie Stroh, alten Kartoffelsäcken oder ähnlichem abdecken.

Man kann die Würmer aber auch im Spätherbst absammeln und sie im Keller in einer Kiste (s. Seite 87) weitervermehren, so daß man im Frühjahr mit der optimalen Besatzdichte starten kann.

Vorteil zwei- oder mehrzeiliger Behälter

Was tun, wenn der Kompostbehälter voll ist oder man den Wurmhumus absammeln will? Dazu legt man einfach neben dem alten Silo einen neuen Kompostkasten an. Die Kompostwürmer merken sehr schnell, daß Futter nur noch im anderen Behälter zu finden ist und wechseln dort hinüber.

Nun bewährt es sich, wenn man von vorneherein einen zweizeiligen Kompostbehälter gebaut hat, bei dem man dann nur noch die Zwischenwand entfernen muß. Alles, was im vollen Behälter noch nicht vererdet ist, d. h. obenaufliegt, wird mit der Harke in das neue Abteil gezogen. Nach etwa 4 Wochen sind sogar die weißlichen Jungwürmer im neuen Futterbehälter. Die Wurmerde aus dem alten Behälter kann nun geerntet werden.

Will man die Würmer vom Freiland ins Haus übertragen oder den Kompostbehälter aus irgendwelchen Gründen an anderer Stelle aufbauen, dann läßt man die Kompostwürmer einige Tage hungern und gibt dann eine neue, mit einigen Leckerbissen versehene Futterschicht obenauf. In kürzester Zeit werden sich alle Würmer darin sammeln und man kann sie mitsamt der Futterschicht abheben und in ihre neue Behausung überführen.

Verwendung

Wenn man die 3 bis 4 Wochen gewartet hat, bis die meisten Jungwürmer aus den Kokons geschlüpft und ins neue Substrat hinübergewandert sind, siebt man das Material durch ein 3 bis 4 mm weites Sieb, um möglichst viele der eventuell noch übrig gebliebenen Jungwürmer zu entfernen. Das feingesiebte Material kann man z. B. zu einer Topferdemischung verarbeiten und gibt dafür etwa 10 % zu einer normalen Blumenerde. Die andere Wurmerde benutzt man im Garten als Dünger oder zur Bodenverbesserung.

Wurmzucht in Kompostmieten

Es gibt eine enge Beziehung zwischen Komposthaufen und Regenwürmern, die dadurch sichtbar wird, daß es keinen Mist- oder Komposthaufen gibt, in dem nicht auch Regenwürmer, sowohl der rote Mistwurm wie auch andere freilebende Arten, vorkommen. Bisher hat man sie aber nur als eine willkommene natürliche Bereicherung der Kompostmieten angesehen und als Zeichen dafür gewertet, daß man das Aufsetzen richtig durchgeführt hat.

Voraussetzungen

Bei der klassischen Art, Kompost aufzubauen, abgeleitet von dem in Indien von Sir Albert Howard entwickelten »Indore-Verfahren«, gilt es im Prinzip nur 5 wesentliche Punkte zu beachten, die bei allen Kompostvarianten unverändert Gültigkeit besitzen:
1. Gute Mischung aller organischer Abfälle
2. Erdanschluß und/oder Kompoststarter
3. Feuchtigkeit, aber keine stauende Nässe
4. Lockerer, luftiger Aufbau
5. Abdeckung gegen Kälte und Austrocknung

Man sollte diesen 5 Voraussetzungen für das gute Gelingen eines Kompostes als 6. Punkt noch die Regenwürmer hinzufügen, nicht als willkommene Ergänzung, sondern als Notwendigkeit. Das Ergebnis wird ein besserer Kompost in kürzerer Zeit mit weniger Mühe sein.
Viel Arbeit nehmen uns die Würmer ab, wenn wir beim Aufsetzen der Miete deren Ansprüche beachten und dementsprechend planen und verfahren. Das beginnt bei der sorgfältigen Trennung der Küchenabfälle und hört bei der Beschaffung von Wurmfutter im zeitigen Frühjahr, wenn noch keine Abfälle aus dem Garten vorliegen, noch lange nicht auf.

Aufsetzen einer Wurmmiete

Zu Beginn, bevor man an die eigentliche Arbeit geht, sollte man die Lage des Kompostplatzes sorgfältig wählen. Jeder Kompost braucht milde, feuchte Wärme. Er ist daher vor direkter Sonneneinstrahlung, austrocknenden Winden und tiefem, kalten Schatten zu schützen. Im kühlenden Schatten von Hecken oder Sträuchern, einem soge-

nannten Halbschattenplatz, ist der Komposthaufen am besten aufgehoben. Hollunder und Haselnuß haben sich bisher als besonders geeignete, schützende Sträucher erwiesen und bieten darüber hinaus einigen Vögeln Nistplätze und Nahrung.

Die Größe der Wurmmiete hängt von der zur Verfügung stehenden Fläche, dem anfallenden organischen Material, leicht zu beschaffenden Zusatzstoffen und dem Bedarf an Dünger und Bodenverbesserung ab. Die Grundfläche eines Komposthaufens und damit auch der Wurmmiete sollte 1,50 bis 2,00 m in der Breite nicht überschreiten. Die Länge kann beliebig, je nach Platzangebot, gewählt werden. Nach oben soll der Haufen immer schmaler werden, und eine maximale Höhe von 1,50 m erreichen. Das Ganze sieht dann aus wie ein niedriges Erdzelt.

Für unsere Wurmmiete heben wir auf der gewünschten Fläche eine flache Grube von etwa 10 bis 20 cm Tiefe aus. Die ausgeworfene Erde lagern wir daneben und fügen sie später dem wachsenden Komposthaufen nach und nach zu. Die Grube – dies ist wichtig, um eine gesicherte Wurmvermehrung zu erreichen – legen wir mit feinmaschigem Kükendraht aus, um die bodenbewohnenden Wurmräuber (Maulwurf, Spitzmaus) fernzuhalten. Jetzt füllen wir die Grube mit den jeweils zur erfügung stehenden Drainagematerialien (zerschlagene Steine, Kies, Reisig, Baum- und Heckenschnitt) und decken das Ganze mit etwas Erde ab.

Nun beginnt das eigentliche Aufsetzen der Miete. Zuunterst muß immer grobes Material liegen. Dafür eignen sich Zweige, Pflanzenstengel, angefeuchtete Pappe und Zeitungspapier. Darüber kommt das feinere Material aus Küche und Garten. Glas, Draht, Steine, Blech, Alufolie und Plastikreste werden aussortiert, alles andere ver-

Links: Ein sauberer Kompostplatz, wie er in jedem Garten anzutreffen sein sollte.

Rechts: Aufbau einer Wurmmiete. Zuerst wird das Material, z. B. mit Hilfe eines Häckslers, zerkleinert.

wendet: Grasschnitt, Unkraut, Laub, Gemüseabfälle, Obstreste, verwelkte Blumen, verbrauchte Topferde. Kurzum alles organische aus dem Garten. Dazu gesellt sich, was im Haushalt an verrottbarem Material anfällt: Speisereste, auch Knochen, Kartoffelschalen, Gemüsereste, Eierschalen, Kaffeesatz mit Filtertüten, Teereste, Haare, der Inhalt des Staubsaugerbeutels, Zeitungspapier und Pappe, (keine Buntdrucke, wegen der Schwermetalle in den Farben), Eierkartons u. a. m. Es empfiehlt sich, in der Küche 2 Mülleimer aufzustellen, einen für die organischen Abfälle und einen für Dosen, Glas, Aluminium und unverrottbarem Plastikmaterial. Derzeit wird dieses Vorgehen in zunehmendem Maße von den Gemeinden durch spezielle Sammelcontainer für Glas, Aluminium, Altpapier und Medikamente unterstützt.

Zusammensetzung der Abfälle

Die Zusammensetzung der Reststoffe aus Haus und Garten wechselt natürlich stark und ist von der Jahreszeit abhängig. Außerdem sind die C-N-Verhältnisse viel zu unterschiedlich, als daß die Abfallstoffe ohne eine vorherige Mischung ein ausgewogenes Futter für unsere Regenwürmer darstellen.

Wie bereits angesprochen (s. Seite 74), sollte das C-N-Verhältnis möglichst eng, etwa bei 16 bis 18 : 1 liegen. Je bunter und vielseitiger die Mischung ausfällt, desto reichhaltiger wird der Kompost und desto eher erreichen wir das angestrebte C-N-Verhältnis. Es empfiehlt sich deshalb, alle Abfälle zunächst einmal gesondert in einem Sammelbehälter aufzubewahren. Wenn genügend Material vorhanden ist, wird es herausgeschaufelt, gründlich gemischt und der Aufbau der Miete begonnen. Zu nasses Material wird etwas ausgebreitet und getrocknet, zu trockenes Material kann noch befeuchtet werden. Grobes wird mit Spaten oder Schere zerkleinert, bei größeren Mengen lohnt sich die Anschaffung eines Häckslers. Denn je kleiner das Material, desto mehr Angriffsfläche für die Mikrobenwelt.

Tiermist

Kompostwürmer der Gattung *Eisenia* mögen besonders gern Pferde- und Rindermist, und wenn irgendmöglich sollte man sich solchen von Reitschulen und Bauernhöfen, möglichst aus Haltung mit Stroheinstreu, besorgen. Zur Mischung eignet sich auch Kot von Schafen, Kaninchen und Schweinen. Geflügelkot sollte nur sehr spärlich verwen-

Aufbau einer Wurmmiete. Oben: Wenn das Material zerkleinert ist, wird es mit Mistgabeln, Krail und Rechen in die vorbereitete Miete eingebracht. Mitte: Das fertige Beet wird mit Stroh abgedeckt und zum Schutz vor Vögeln mit einem Netz versehen. Unten: Das Endergebnis nach wenigen Monaten ist ein feinkrümeliger brauner Humus.

Hauptnährstoffgehalte verschiedener Abfälle

	N	P	K
Apfeltrester	0,20	0,02	0,15
Bananenschalenasche		3,25	41,76
Baumrinde		0,4–2,3	
Baumwollabfälle	0,9	0,45	0,36
Blutmehl	10–15	1,3–9	0,7
Brauereiabfälle	0,9	0,5	0,05
Erdnußschalen	0,8	0,15	0,05
Federn	15,3		
Fischabfälle	6,5	3,75	
Grapefruchtschalenasche		3,6	30,6
Grünsand		1,5	5
Guano	6,7	18,8	2,7
Haar	14		
Holzasche		1,5	7,0
Huf- und Hornmehl	12,5	1,75	
Hühnermist	0,8–3,5	1,0–8,8	0,8–2,5
Kaffeesatz	2,08	0,32	0,28
Klärschlamm	0,5–6		
Knochenmehl	4	21	0,2
Luzerneheu	2,45	0,5	2,1
Maiskolben			2
Oliventrester	1,15	0,78	1,26
Pferdemist	2,1	1,0	1,7
Rinderharn	0,75	0,10 P_2O_5	1,50
	0,61	0,01	1,30 K_2O
Rinderkot, frisch	0,55	0,30	0,40
Rindermist	1,5	1,1	2,2
Rizinusschrot	5,5	2,25	1,13
Rotkleeheu	2,1	0,5	2
Ruß	5,25	1,05	0,35
Sägemehl	0,4		
Schafmist	2,7	0,7	2,0
Schafwolle	4–8		
Schweineharn	1,16	0,2 P_2O_5	
Schweinekot	0,54	1,35 P_2O_5	
Schweinemist	1,6	0,7	2,2
Seetang			10–15 ppm B
Stroh	44,7 C		
Traubentrester	2,4	1,4	
Wasserlilien	2,02	0,81	3,43
Wollabfälle	5,5	3,0	2,0
Zuckerrübenblätter, Zuckerrübenwurzeln	0,25	0,10	0,50

det werden, weil er zuviel Stickstoffverbindungen enthält, die bei der Zersetzung Ammoniak erzeugen, das die Wurmhaut verätzt. Der Schweinemist sollte nicht aus Mastzuchtbetrieben stammen, da hier Rückstände von Antibiotika und Hormonen zu erwarten sind, die leider auch durch die Kompostierung nicht vollständig abgebaut und durch die Würmer in der Losung noch konzentriert werden.

Lagenweise Schichtung

Mit dem gesammelten und gut durchmischten Material wird der Kompost nun lagenweise aufgeschichtet. Auf dem zuunterst liegenden Grobmaterial bereitet man eine etwa 20 cm hohe Schicht der organischen Substanz locker aus, darüber hauchdünn, wie Puderzucker über einen Kuchen, etwas kohlensauren Kalk oder Algenkalk, auf keinen Fall aber Kalkstickstoff. Beim Abbau von Kalkstickstoff entsteht als Zwischenprodukt das giftige Cyanamid, das die Regenwürmer und sonstige Lebewesen abtötet. Die Bodenbakterien erholen sich zwar schnell von einem solchen Schock und besiedeln den Haufen sehr schnell wieder, die Kompostwürmer jedoch nicht.

Wenn wir den Tiermist noch nicht unter die Gartenabfälle gemischt haben, kann man davon jetzt eine Schicht von etwa 20 cm zugeben oder auch gut gewässerten Grasschnitt oder eventuell vorhandenes altes Laub. Darüber wird eine dünne Schicht der Erde, die vom Grubenaushub noch zur Verfügung steht, oder auch Kompost vom Vorjahr ausgebreitet. Jetzt kommt die nächste Lage organischen Materials, Kalk, Dünger, Erde usw. bis die Höhe von 1,50 m erreicht ist. Die Miete sollte im oberen Bereich noch eine Breite von etwa 30 bis 50 cm haben.

Zum Schluß wird die Miete noch mit Erde oder Jutesäcken, Laub oder Stroh, auch Schilfmatten eignen sich gut, abgedeckt. Das Abdecken hält schädliche Einflüsse von außen ab, wie Austrocknen der Miete oder Wurmraub durch Vögel. Andererseits bleibt der Austausch von Luft und Feuchtigkeit erhalten.

Im biologisch-dynamischen Landbau nach Dr. Rudolf Steiner werden dem Kompost noch verschiedene Kräuterauszüge in homöopathischen Dosen zugegeben. Zur Anwendung kommen Extrakte von Schafgarbenblüten, Kamillenblüten, Brennesselpflanzen, gemahlene Eichenrinde, Löwenzahnblüten und Baldrianblütensaft. Besonders letzteres wirkt stimulierend auf die Vermehrungs- und Umsatzleistungen der Kompostwürmer. Die Präparate garantieren allgemein einen harmonischeren Verlauf der Rotte.

Das Ausbringen von solchermaßen präpariertem Kompost führt bei den Pflanzen zu einem stärkeren Wurzelwachstum. Die Wirkungen dieser Kräuter- und Pflanzenpräparate sind zwar augenfällig, aber wie beim Wurmhumus lassen sich diese Phänomene noch nicht wissenschaftlich genau erfassen. Weitere Zuschlagstoffe, wie Basaltmehl, Lavamehl oder Tonminerale, erhöhen den Gehalt an Mineralstoffen und Spurenelementen, binden unliebsame Gerüche und fördern die Bildung stabiler Ton-Humus-Komplexe.

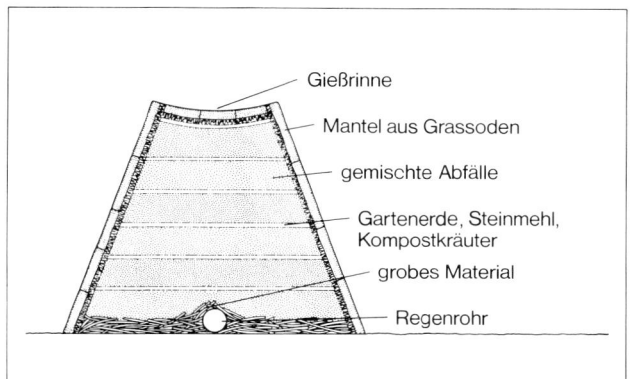

Aufbau einer Miete mit etwa 100 cm Breite, 80 cm Höhe und einer Neigung der Seitenwände von etwa 70°.

Umsetzen des Kompostes

Einen solchermaßen aufgesetzten Komposthaufen könnte man nun sich selbst überlassen und hätte nach 1 bis 2 Jahren guten Humus. Nun kann es passieren, daß die Zersetzung im Haufen nicht harmonisch verläuft und man den Haufen umsetzen muß. In der Regel müssen größere Mieten, nachdem sie sich gesetzt haben, einmal umgelagert werden, damit sie luftig und locker bleiben. Diese strapaziöse Arbeit kann man sich ersparen, wenn man Würmer einsetzt. Sie durchmischen immer wieder die einzelnen Lagen der Miete, bilden die wichtigen Ton-Humus-Komplexe und legen somit die Nährstoffe für das Pflanzenwachstum fest. Gleichzeitig verkürzen sie maßgeblich die Zeit bis der Kompost reif ist. Zum Schluß bleiben etwa 15 % des aufgenommenen Futters – gegenüber herkömmlichem Kompost zwar weniger, dafür aber um so hochwertiger – als Wurmerde übrig.

Einsetzen der Würmer

Obwohl die Mist- oder Kompostwürmer höhere Temperaturen ertragen, als die Freilandarten, würden sie dennoch durch die große Hitze, die in einem arbeitenden Komposthaufen entsteht (bis zu 65 °C) getötet. Man muß mit dem Einsetzen der Würmer deshalb warten, bis sich die Temperatur im Inneren des Haufens auf 20 bis 30 °C abgekühlt hat. Dies ist nach 4 bis 7 Wochen der Fall. Zu diesem Zeitpunkt bohrt man kleine Löcher an verschiedenen Stellen, über den ganzen Haufen verteilt, und füllt sie mit jeweils 100 oder mehr Würmern. Der Wurmbesatz reicht mit 1 000 Stück/m^2 Mietenfläche aus. Bessere Erfolge und besseres Durcharbeiten, so daß auch wirklich alles Futter durch den Wurmdarm geht und nicht normal verrottet, erzielt man mit einem Besatz von 3 000 Kompostwürmern/m^2.

Im Verlauf der Rotte sinkt die Miete zusammen, so daß man nochmal frisches Material aufbringen kann, daß man aber wieder gut mit Erde abdecken soll. Man kann die Miete auch jederzeit an einem Ende verlängern, wenn der Sammelbehälter frühzeitig voll sein sollte. Die Würmer wandern dann in der Miete mit und man kann kontinuierlich vom vorderen Ende her gebrauchsfertigen Humus entnehmen. Wie bei der Behälterzucht muß man bei der Miete auf ausreichende Feuchtigkeit, die richtige Temperatur und Säuregehalt achten.

Über den Winter in Mieten aufgesetztes Laub hilft im Frühjahr einen eventuell auftretenden Futtermangel zu überbrücken.

Vorrotte in kleinen Mieten sich selbst überlassen. Im Frühjahr, wenn man die Würmer absammeln muß, um an die Wurmerde für die Beete heranzukommen, bildet diese winterliche Vorrotte die Grundlage für die neue Miete. Ab Juli hat man sicher wieder ausreichend frisches Material für Kompost und Würmer zur Hand.

Probleme mit Wurmräubern

Ein Problem in Freilandmieten stellen das mitunter starke Auftreten von Ameisen, Tausendfüßlern und Laubkäfern dar. Wenn Ameisen Nester bauen, ist das ein Zeichen, daß die Kompostmiete zu trocken ist. Mit entsprechender Bewässerung kann man diesem Problem Herr werden. Bei Überhandnehmen von Tausendfüßlern und Laufkäfern hilft nur das Absammeln. Aber ein gewisser Bestand von Wurmräubern ist von der Natur eingeplant und wird durch die enorme Vermehrungsrate wieder mehr als wett gemacht. Immerhin können wir bei einer Besatzdichte von 3 000 Würmern/m^2 mit 30 000 Würmer nach einem Jahr rechnen.

Futtermangel verhindern

Im Frühjahr kann es mangels organischer Masse zu Futtermangel kommen. Im Garten fällt noch nichts an und die Vererdung der Miete ist schon weit fortgeschritten. Man ist daher gut beraten, wenn man schon im Herbst 1 oder 2 Kompostmieten aus Pferdemist und/oder Fallaub und Grasschnitt anlegt. Beide Substrate werden gemischt gut durchfeuchtet und zur winterlichen

»Ernte« der Wurmerde

Die einfachste Methode, an die Wurmerde zu kommen, besteht darin, eine neue Miete direkt neben der alten einzurichten. Die Würmer, die in der alten Kompostmiete keine Nahrung mehr finden, ziehen dann sehr schnell zur neuen Futterquelle hinüber. Nach 2 bis 3 Tagen ist die alte Miete nahezu wurmfrei und die Erde kann auf die Beete gestreut werden.

Wer nochmals etwa 4 Wochen wartet und danach die Wurmerde durch ein feinmaschiges – bis 3 mm – Wurfsieb schaufelt, hat die Gewähr, daß auch noch die Würmer in den Kokons geschlüpft und sämtliche Jungwürmer abgewandert bzw. ausgesiebt sind. Eine derart reine Wurmerde eignet sich vorzüglich zur Beimischung in Topferden oder in Anzuchterden in Frühbeetkästen.

Die Würmer kann man auch absammeln, indem man obenauf eine neue Futterschicht legt und, nachdem sich die Würmer 1 bis 2 Tage später darin versammelt haben, diese Futterhaube mitsamt den Würmern einfach abhebt und als Grundlage für eine neue Miete benutzt.

Eine andere, etwas mühselige Methode ist das Absammeln mit Hilfe des Sonnenlichts. Wie wir wissen, sind Regenwürmer sehr lichtscheu. Falls sie der Sonne zu lang ausgesetzt sind, werden sie durch die UV-Strahlen getötet. Wenn wir sie also dem Licht aussetzen, ziehen sie sich sofort in tiefere Schichten zurück.

Wir decken deshalb die Miete ab, ziehen die äußere Schicht etwas beiseite, so daß eine große Zahl der Würmer dem Licht ausgesetzt werden. Die Würmer werden sofort versuchen, dem Licht zu entfliehen und kriechen tiefer in das Innere der Miete. Man wartet etwa $1/2$ Stunde, entfernt dann wieder die äußere Mietenschicht. Wieder sind die Würmer gezwungen, tiefer ins Innere des Komposthaufens auszuweichen. Diese Prozedur wiederholt man so oft, bis sich die Würmer zentral auf einem kleinen Raum am Boden der Mietenmitte versammelt haben. Auf diese Weise hat man die Wurmerde gewonnen und die Würmer mitten auf dem alten Mietenplatz konzentriert. Man breitet jetzt den verbliebenen Kompost mit den Würmern auf der alten Grundfläche aus und baut in der oben beschriebenen Weise eine neue Miete auf, deren Verarbeitung alsbald von den Würmern in Angriff genommen wird.

Bodenverbesserung

Wer einen Komposthaufen mit genügend großem Wurmbesatz hat und die Wurmzucht mehr zur Bodenverbesserung als zur Gewinnung reiner Wurmerde betreibt, teilt den Haufen einfach in zwei Hälften. Eine Hälfte führt man mitsamt den darin enthaltenen Würmern in den Garten, wo sie ihre Arbeit unter einer entsprechenden Mulchschicht weiterführen, den Boden lockern und belüften. Die andere Hälfte nimmt man als Grundlage für eine neue Miete.

Wandermiete

Am einfachsten hat es der Gärtner, der über genügend Platz verfügt, um eine Wandermiete einzurichten. Diese Miete wird so konstruiert, daß an ihrem einen Ende immer wieder neues Material in der beschriebenen Weise aufgeschichtet wird und am anderen Ende der jeweils fertig durchgerottete und von den Würmern durchgefressene Kompost fortlaufend entnommen werden kann. In einer solchen Miete wandern die Würmer langsam Meter für Meter, nachdem jeweils die Hitzephase in der neuen Schicht abgeklungen ist, mit dem neuen Futter mit. Ein eigentliches »Absammeln« der Würmer, um an die Wurmerde zu kommen, ist nicht mehr notwendig. Eine Wandermiete kann man im Kreis, im Viereck oder spiralförmig führen.

Das »Wurmfutterbeet«

Eine Abwandlung des »Indore-Verfahrens« ermöglicht es, mit Hilfe der Würmer Kompost schnell und ohne die starke Hitzephase zu gewinnen. Dazu legt man die Kompostzeile beetförmig an, d. h. etwas breiter und länger, aber nur 20 bis 35 cm hoch. Sämtliches organisches Material wird so klein als möglich geschnitten, bzw. wo vorhanden, mit ei-

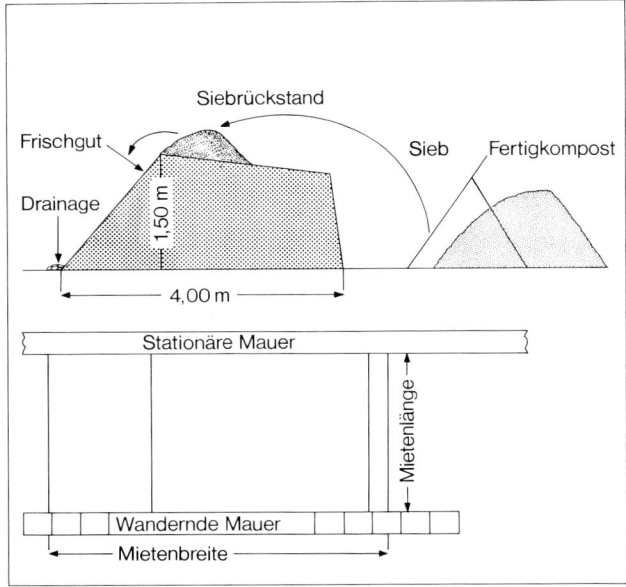

Schema einer Wandermiete im Garten.

nem Häcksler geschreddert. In diese niedrige Kompostmiete (»Wurmfutterbeet«) kann man sofort Kompostwürmer einsetzen. Sie werden sich sogleich über das Futter hermachen. Die Temperatur wird nie die der Hitzephase einer geschlossenen Kompostmiete erreichen, weil die Oberfläche zu groß ist und auch das Zentrum des Haufens von der Außenluft abgekühlt wird.

Der Nachteil dieser Methode liegt im größeren Platzbedarf, dem zeitaufwendigeren Zerkleinern des Kompostmaterials, womöglich mit einem teuren Komposthäcksler. Der große Vorteil besteht darin, daß man diese Wurmfutterbeete direkt auf den später zu nutzenden Beetflächen anlegen kann und man, nach dem Absammeln der Würmer mittels Futterhaube, den fertigen Kompost nur noch verteilen oder oberflächlich in den Boden einzuarbeiten braucht.

Hohe Vermehrungsraten

Die hohe Vermehrungsrate der Kompostwürmer ist kein Anlaß zur Sorge. Man wird nicht befürchten müssen, nach ein paar Jahren vor lauter Würmer kein Land mehr zu sehen. Zum einen kann man die Würmer einfach im Garten aussetzen und sie mit Mulchmaterial weiterernähren. Sie durchwühlen den ganzen oberen Krumenbereich und legen ein Netzwerk von Gängen an. Damit belüften sie den Boden, sorgen für schnellen Ablauf von Starkregen und liefern den Pflanzen Nährstoffe an die Wurzelhaare. Zum anderen kann man überschüssige Würmer auch an seine Nachbarn verschenken oder als Angelköder loswerden. Je mehr Würmer man hat, desto schneller wird der Komposthaufen durchgearbeitet und desto qualitativ hochstehender ist der gewonnene Wurmhumus.

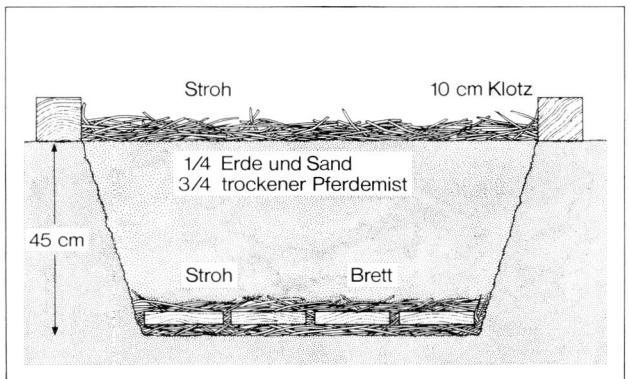

Nach dem Vorbild des »Indore-Verfahrens« läßt sich Wurmhumus, z. B. aus Pferdemist, auch in einer Grube gewinnen.

Natürliche Regelung der Vermehrung

Als letztes und wichtigstes Kriterium sei angefügt, daß alle Lebewesen in der Natur, mit Ausnahme des Menschen, ihre Vermehrung nach dem Futterangebot und/oder einem Räuber-Beute-Verhältnis regeln. Viel Futter viele Würmer, wenig Futter wenig Würmer. Eine kleine Restvolkmenge bleibt immer übrig, auch wenn man einmal über lange Zeit kein Futter gibt. Damit die Kompostwürmer während einer solchen Periode nicht zu kurz kommen, weiden sie in dieser Zeit ihren eigenen Kot ab. Die Losungskrümel sind voll mit Bakterien und anderen Mikroorganismen besetzt, die sich während des zwischen 4 und 20 Stunden dauernden Verdauungsvorganges im Wurmdarm vermehrt haben und sich dann, mit der Losung abgesetzt, an der Luft nochmals explosionsartig vermehren. In Hungerphasen durchwandern die Würmer das Futtersubstrat nochmals gründlich auf der Suche nach Resten, setzen überall Krümel der aufgenommenen Erde ab und weiden später die sich darin befindenden Bakterien ab. Während dieser Zeit werden auch weniger Eikapseln produziert, so daß sich der Bestand über die Menge des Futters regulieren läßt.

Wurmzucht in der »Wurmkiste«

Was macht nun der Balkon- oder Zimmergärtner, der seine liebevoll gehegten Pflanzen mit wertvollem Wurmhumus versorgen will? Wie geht die/der umweltbewußte Hausfrau/Hausmann vor, um mit Hilfe der Würmer organische Küchenabfälle zu kompostieren und somit seinen persönlichen Beitrag zur Müllreduzierung zu leisten?

»Berliner Wurmkiste«

Der Balkongärtner züchtet seine Regenwürmer am besten in der vom Umweltbundesamt in Zusammenarbeit mit dem Agraringenieur H.-G. Starck entwickelten »Berliner Wurmkiste«. Benötigt wird eine Spanplatte, 40×60 cm und mindestens 12 mm dick, als Grundplatte. In sie werden 3×5 Löcher mit 6 bis 7 mm Durchmesser gebohrt, damit überschüssiges Wasser ablaufen kann. Es empfiehlt sich, an die Ecken der Grundplatte kleine Metall- oder Plastikfüße zu montieren und die ganze Kiste in einen Auffangbehälter für das abtropfende Wasser zu stellen. Die auslaufende Brühe kann man zur Düngung der Topfpflanzen verwenden.

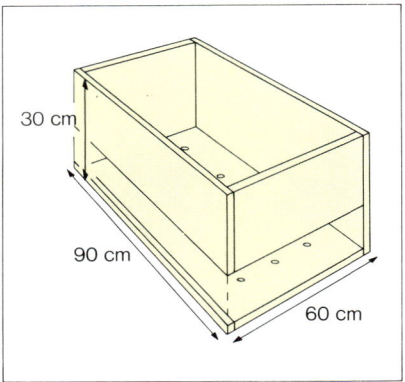

Links: Die »Berliner Wurmkiste« kann leicht selbst gebaut werden. Rechts: Wurmzucht in der Wurmkiste (s. Text unten).

2 weitere Spanplattenteile von je 20×60 cm bilden 2 gegenüberliegende Seiten, ihre Verbindung besteht aus 2 Spanplattenteilen von 20×37,6 cm (400 – 2×12 mm). Sämtliche Teile werden genagelt, zusammengeleimt oder beides. Als Baumaterial eignet sich auch Tannenholz sehr gut. Es enthält nicht das bedenkliche Formaldehyd, wie es von Spanplatten abgegeben werden kann.

Diese Angaben sind Richtmaße für einen Besatz von 500 bis 1000 Kompostwürmern. Jeder kann sich natürlich die Kiste in der Größe zusammenbasteln, die er für seine Verhältnisse braucht. Außerdem kann man auch andere Behälter wie Kisten, Wannen, Tonnen, Schachteln, Mülleimer u. a. m. benutzen. Man muß nur für ausreichende Belüftung, Drainage und Dunkelheit sorgen.

Befüllen der Wurmkiste

Befüllt wird die Kiste mit einer fingerdicken Schicht sandiger Erde. $2/3$ der Kiste nehmen eingeweichtes Zeitungs- oder anderes Knüllpapier (keine Buntdrucke) und eingeweichte Pappe (Eierkartons) ein. Die Haus- und Küchenabfälle werden zunächst zwischen das nasse Knüllpapier gelegt. Später ergibt sich eine richtige Futterschicht. Da hinein setzen wir 500 bis 1000 Kompostwürmer der Gattung *Eisenia foetida*, die man sich von einem Züchter hat schicken lassen (Adressen s. Seite 122) oder von Komposthaufen der Nachbarn ausgeliehen hat.

Der Wurmbesatz richtet sich nach der beabsichtigten Verwendung. Soll der Winter zur Vermehrung der Wurmbiomasse genutzt werden, um damit im Frühjahr die Mannschaft im Kompost zu verstärken, reichen 500 Kompostwürmer. Soll dagegen Wurmerde produziert werden, mit der man z. B. die üblichen Läuse von den Petunien im Balkonkasten vergraulen kann, ohne zu spritzen, sollten 1000 Würmer eingesetzt werden. Dann kann diese Kiste auch 2 mal im Jahr abgeerntet werden. Vermehren sich die Würmer zu stark – man sieht das an den »Ausgestiegenen«, die auf dem Fußboden vertrocknet sind –, setzt man eine zweite Kiste an.

Als Futter verwenden wir alle im Haushalt anfallende Reststoffe: Obst-, Gemüse- und Kartoffelschalen, Kaffeesatz mit Filtertüte, Teereste, Haare, Inhalte von Staubsaugerbeutel, verwelkte Blumen, Eierschalen und -kartons, aber auch Essensreste (nie zuviel auf einmal) und aufgeweichtes altes Brot. Selbst Fett und Fleisch, dünn und in ganz kleine Streifen geschnitten, kann zugegeben werden. Kompostwürmer sind Allesfresser. Bei den Obstschalen ist darauf zu achten, daß nicht zu viele auf einmal gegeben werden, da hier verstärkt mit Spritzmittelrückständen zu rechnen ist.

Oben auf das Wurmfutter legen wir zur Minderung der Verdunstung eine dicke, durchnäßte Zeitung. Man kann die Abfälle auch mit Papierschnitzeln zudecken, damit sie nicht so schnell austrocknen. Über die Kiste spannen wir eine möglichst dunkle Plastikfolie und machen mit dem (Dosen-) Locher einige Löcher. Auch ganz feine Fliegengaze oder Musselin eignet sich zum Abdecken, damit nicht ungewollt eine Fliegenzucht entsteht. Gegen Wind (bei Aufstellung auf dem Balkon) sichern wir die Abdeckung mit Schnur, Gummiband oder Reißzwecken. Gegen das Austrocknen können wir auch feuchte Wellpappe auf den Wurmkasteninhalt legen. Das ist besser als Gießen.

Um mit der Erde, die wir zum Befüllen der Kiste verwenden, keine anderen Tiere bzw. deren Eier oder Larvenstadien einzuschleppen, erhitzt man die Erde vor dem Einfüllen. Dazu breitet man sie flach aus und läßt sie im Backofen etwa 20 Minuten lang Temperaturen von 180 bis 200 °C einwirken.

Zeitungspapier, das als Wurmfutter dienen soll oder als Substrat Verwendung findet, wird für die Würmer besser verdaulicher, wenn man es in Streifen und Fetzen zerreißt und in einen Eimer gibt, der halb mit heißem Wasser gefüllt ist. Mit einem Holzlöffel oder einem anderen geeigneten Gegenstand taucht man das Papier und schlägt es, bis ein Brei entstanden ist. Diesen stürzt man in ein grobes Tuch, welches man über Nacht zum Abtropfen aufhängt. Am nächsten Tag drückt man den Brei nochmals aus, lockert ihn auf und füllt ihn ein.

Haben wir die Kiste in der richtigen Weise gefüllt, dann besorgen die Würmer das Kompostieren. Der Abfall wird in einen nährstoffreichen, dunklen Humusdünger verwandelt, der aus Wurmlosung besteht. Diese festen Exkremente der Würmer werden die Pflanzen veranlassen, besser zu wachsen.

Umsatz

Die Wurmkiste läuft an Abfällen nicht über. 1 000 Kompostwürmer wiegen etwa 300 bis 600 g und fressen täglich ungefähr die Hälfte ihres Körpergewichtes also 150 bis 300 g Abfälle. Daraus entstehen, wiederum täglich, 20 bis 35 g Wurmerde. Am Anfang wird es vielleicht etwas langsamer gehen, weil die Würmer erst in Gang kommen, d. h. in der Kiste heimisch werden müssen.

Nach einer Untersuchung der »Vereinigung Deutscher Elektrizitätswerke« vom August 1985 produziert jeder Bundesbürger im Jahr 6 Zentner Müll (300 kg). Andere Untersuchungen sprechen sogar von 400 kg. Mehr als die Hälfte davon besteht aus Verpackungsmaterialien wie Papier, Pappe, Glas, Kunststoff und Weißblech. Aus diesen und anderen Untersuchungen hat sich herausgeschält, daß etwa 20 bis 25 % des anfallenden Mülls organischer Natur sind und sich zum Kompostieren eignen. Bei den oben genannten Müllmengen von 300 kg/Jahr sind dies 60 bis 75 kg organischer Abfallstoffe. Legt man zu Grunde, daß 1 000 Kompostwürmer täglich 150 bis 300 g Abfälle verzehren, wären das übers Jahr etwa 50 bis 110 kg. Wir erkennen, daß die zuvor beschriebene Wurmkiste knapp für einen Zwei-Personen-Haushalt ausreicht.

Standort, Kontrolle

Im Sommer steht die Wurmkiste im Schatten auf dem Balkon, bei Frostgefahr (meist Spätherbst bis Frühjahr) stellen wir sie in den Keller auf einen alten Hocker oder Stuhl, dessen Beine in Konservendosen mit Wasser gestellt werden. Diese Dosen dienen als Hindernis für Tausendfüßler, Ameisen oder Käferlarven, die nicht an die »Biomasse« Kompostwurm herangelangen sollen. Es besteht übrigens keine Gefahr, daß Gerüche auftreten. Auch entwikkeln sich keine Insekten, wenn man ein Substrat wählt, in dem mit Sicherheit keine Insekteneier vorhanden waren, also Kartonagen, Zeitungen oder im Backofen gedämpfte Erde. Torfmull ist wegen der Zerstörung dieser wichtigen Biotope abzulehnen. Wenn wir einmal unter die Plastikfolie schauen, um nachzusehen, »ob noch alle Würmer da sind«, riecht es aller Voraussicht nach nicht nach faulen Eiern, sondern allenfalls nach Garten- oder Walderde.

Die Wurmkiste muß im Sommer öfter, im Winter dagegen nur alle 3 bis 4 Wochen befeuchtet werden. Kompostwürmer lieben es auf jeden Fall dunkel, warm und feucht. Richtig befeuchtet ist die Biomasse, wenn am Bodenbrett die ersten Tropfen erscheinen.

»Ernte«

Nach einigen Monaten werden die Würmer den gesamten Kisteninhalt zu Wurmlosung verarbeitet haben. Der Inhalt der Kiste wird zusehends dunkler, die Humifizierung schreitet voran.

Es ist Zeit, eine neue Wurmkiste anzulegen bzw. die Biomasse abzuernten. Dazu überträgt man die Futterhaube (noch nicht vererdete Abfälle), in der die meisten Würmer sitzen, in einen Plastikeimer. Die Wurmerde in der Kiste wird an einer Seite hochgeschart und die Futterhaube auf den frei gemachten Kistenteil gelegt, wo man neu zu füttern beginnt. Nach wenigen Tagen sind alle Kompostwürmer zur neuen Futterstelle gezogen. Man kann aber auch einen Korb, der mit Zwiebelschalen, Kaffeesatz, nasser Wellpappe und/oder Obstresten gefüllt ist, als Lockfutter auf die Wurmkiste stellen und warten, bis sich die Masse der Würmer dorthin begeben hat. Dann kann die Erde fast wurmfrei geerntet werden.

Am einfachsten ist es natürlich, die Kiste umzustürzen, die Würmer herauszusammeln und sie wiederzuverwenden. Wahrscheinlich hat man jetzt zuviel Würmer. Diese schenkt man den Nachbarn oder Freunden, die einen größeren Garten besitzen oder benutzt sie als Angelköder. Man kann sie aber auch an Hühner und Enten verfüttern.

In der gewonnenen Wurmerde sind zweifelsohne noch viele Kokons mit ungeschlüpften Würmer. Man kann sie auslesen, was etwas mühsam ist, oder warten, bis die Würmer allesamt geschlüpft sind (nach etwa 3 bis 4 Wochen). Dann siebt man das Material durch ein 3 bis 4 mm weites Sieb, um möglichst viele der kleinen Jungwürmer zu entfernen.

Das feingesiebte Material kann man zu einer Topferdemischung verarbeiten: $1/3$ Wurmerde, $1/3$ Rindensubstrat, $1/3$ Vermiculit oder Gartenerde bzw. 10% Wurmerde zur Blumenerde zugeben.

Regenwürmer und Tierhaltung

Pferdehaltung

Das Pferd als Arbeitstier in der Landwirtschaft hat heute keine Bedeutung mehr. Dafür hat die Anzahl der Reitställe zugenommen und immer mehr Freizeitreiter tummeln sich auf den Feldern und in den Wäldern. Viele halten sich, oftmals mit Freunden zusammen, eines oder mehrere Großpferde in Offenstallhaltung. Andere besitzen einige Ponies oder Kleinpferde, die für die Kinder angeschafft wurden oder für Wanderritte vermietet werden.

Mengenproblem

Hier fallen übers Jahr große Mengen Mist an und man weiß nicht, wohin damit. Auf die Weiden ausbringen soll man den Pferdemist nicht, da damit auch die Magen-Darm-Parasiten weiter verbreitet werden. Felder mit Fruchtanbau, auf die man den Mist als Dünger aufbringen könnte, betreibt ein Freizeitreitpferdebesitzer in der Regel auch nicht, zudem monieren die Behörden, besonders das Wasserwirtschaftsamt, die Geruchsbelästigung oder die Gefahr einer Grundwasserverunreinigung durch Misthäufen. Auch der große Platzbedarf kann Kummer bereiten.

Kompostwürmer helfen

Alle diese Probleme kann man mit Hilfe der Kompostwürmer einfach und bequem lösen. Statt den Mist, wie allgemein üblich, auf einen großen Haufen zu stapeln, wo er mangels Luftzufuhr und bedingt durch das hohe Eigengewicht eher verwest als verrottet, mit allen negativen Erscheinungen wie Bildung von Methan und Auftreten von Fäulnisbakterien, legen wir eine Stallmist-Kompostmiete an, in die wir unsere vielbewährten Mist- oder Kompostwürmer der Gattung *Eisenia* einsetzen. In der Stallmistmiete mit ihrem großen Futterangebot fühlen sie sich besonders wohl, vermehren sich unter günstigen Bedingungen geradezu explosionsartig und erzeugen innerhalb kürzester Zeit feinkrümeligen Humus.

Ein Misthaufen aus Pferde- und/oder Rinder-, Schweine-, Schafsdung mit Stroh und mit Sägespänen, Garten- und Küchenabfällen ist ein ausreichender Lebensraum für den Kompostwurm. Auch der frische Mist, kaum daß die Temperatur auf unter 40 °C gesunken ist, wird von den Würmern in Angriff genommen. Das Befeuchten der Mistmiete ist sinnvoll, doch sollte man Temperaturen von 60 °C und mehr zunächst zulassen, da hierbei schon die Eier von Magen-Darm-Parasiten der Haustiere und die meisten anderen Krankheitskeime abgetötet werden! Pasteurisiert wird z. B. auch bei etwa 66 °C.

Empfehlungen des biologischen Landbaus

Optimieren lassen sich die Vermehrungs- und Kompostierungsaktivitäten des Mistwurms, indem man sich bei der Anlage und Pflege der Stallmist-Kompostmiete an die Empfehlungen des biologisch-dynamischen als auch des organisch-biologischen Landbaus hält.

Die Miete sollte demnach nicht breiter als 2,5 bis 3 m und nicht höher als 1,5 m werden. Alle 3 Meter sorgt ein

Schematischer Aufbau einer Stallmist-Kompostmiete in Anlehnung an die Empfehlungen des biologischen, biologisch-dynamischen und des organischen Landbaus.

Entlüftungsschacht (z. B. Rohr mit einigen 5 bis 10 mm großen Löchern oder gelbe Plastik-Drainageröhren, erhältlich in Baustoffhandlungen) für den Luftaustausch. Ausreichende Feuchtigkeit (keine Nässe), Zugabe von Urgesteinsmehl, Algenkalk, Bentonitmehl helfen mit, die stabilen Ton-Humus-Komplexe aufzubauen und die Geruchsbelästigung zu beseitigen. Aber auch die Zugabe von Lehmerde, Brennesseln, Baldrian und anderen Heilkräutern verbessern und beschleunigen die Kompostierung.

Eine Abdeckung der Miete mit Rasenschnitt, Stroh oder altem Heu verhindert einen (nährstoffentziehenden) Bewuchs und schützt vor Austrocknung der Oberfläche. Ein Umsetzen der Stallmistmiete ist nicht notwendig. Dies erledigen die Würmer für uns. Im übrigen gilt für den Aufbau der Miete das in den vorhergegangenen Kapiteln Gesagte.

Wurmbesatz

Für die Menge des Ersatzbesatzes an Würmern gilt: Je mehr Würmer man einsetzt, desto schneller und besser erreicht man eine Kompostierung des Substrats. In einem Erfahrungsbericht empfiehlt Dagmar Erhardt aus Legden-Asbeck (s. Bezugsquellen, Seite 122) eine Ausgangsmenge von 3 000 Stück bei 12 Islandponies. Es dauert dann aber mindestens 1 $\frac{1}{2}$ bis 2 Jahre, bis sich die Zahl der Würmer so weit vervielfacht hat, daß die Kompostierung eines abgeschlossenen Misthaufens zu lockerem Humus in 6 bis 8 Monaten erfolgt. Wer nicht so lange warten kann oder will,

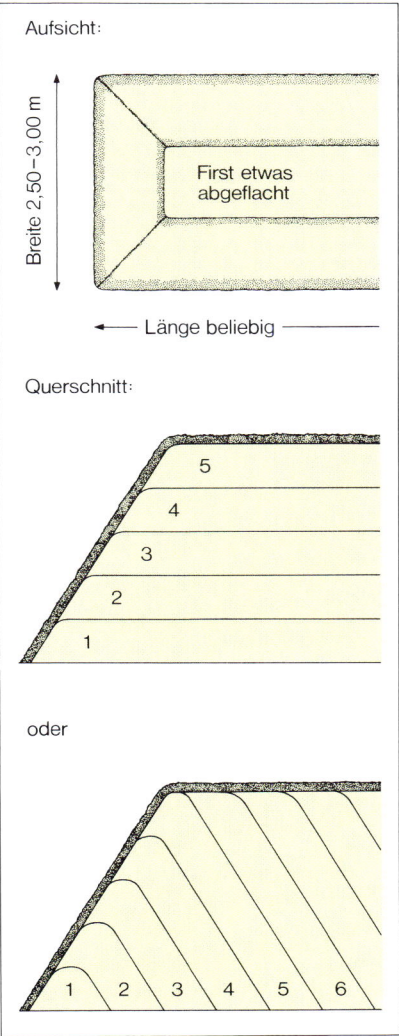

dem empfehle ich einen Erstbesatz mit 10 000, besser 100 000 Würmern. Die Investition lohnt sich allemal, da sich die Miete im Laufe der Wurmkompostierung um mehr als die Hälfte ihres Ausgangsvolumens reduziert, Geruchsbelästigung unterbleibt und der wertvolle Humus, der nun frei von Parasiten ist, auf die Weide gebracht werden kann. Mit diesem Wurmhumus erreicht man eine höhere Dauerfruchtbarkeit des Bodens und eine größere Vielzahl von Gräsern und Kräutern. Die Pferde auf solchermaßen gedüngten Weiden zeichnen sich durch eine besonders gute Gesundheit aus. Eine Weidepause ist nicht notwendig.

Kleintierhaltung

Kaninchen

Eine ideale Kombination ist die Regenwurmzucht im Kaninchenstall. Die Idee dabei ist, Regenwurm-Aufzuchtkästen (s. auch »Berliner Wurmkiste«, Seite 87) unter den Kaninchenställen aufzustellen. Kaninchendung stellt für *Eisenia foetida* ein »gefundenes Fressen« dar und bietet im Grunde alles, was der Mistwurm braucht, um sich wohlzufühlen und sich zu vermehren. Man erspart sich damit nicht nur das tägliche Ausmisten, auch der schlechte Geruch und das Fliegenproblem werden zufriedenstellend gelöst.

Wurmkiste unter dem Stall

Der Boden der Kaninchenställe besteht aus einem in diesem Fall speziellen fußfreundlichen Maschendraht, durch den der anfallende Kot und Urin direkt in die Wurmzuchtkiste fällt. Die Regenwurmkästen werden am zweckmäßigsten aus Zement oder Backsteinen gebaut und sollten länger und breiter als die Gehege sein, damit kein Dung und kein Futterabfall daneben gehen kann.

Bei der Pferdehaltung fallen übers Jahr große Mengen Mist an, die von Kompostwürmern in kürzester Zeit in Humus umgewandelt werden können.

Um Platz zu sparen, können die Gehege natürlich auch übereinander angeordnet werden, wobei man die oberen Gehege herkömmlich ausmisten und die anfallende Mistmenge in die Wurmkisten entleeren muß.

Befüllung

Als erste Füllung genügt eine Mischung aus etwas Lehmerde, feinem Sand, zerknüllter Pappe und/oder Zeitungspapier als Feuchtigkeitsspeicher und einem Teil Kaninchendung. Eine Handbreit hoch reicht zunächst aus. Danach liefern die Kaninchen laufend genügend Regenwurmfutter, was die Würmer laufend zu bester Komposterde verarbeiten. Immer wieder sollte man einige Schaufeln Erde und Sand über die Aufzuchtkästen streuen, die der Kompostwurm wegen der Quarzkieselchen zur Zerreibung seiner Nahrung im Darm braucht. Auch sollte man immer wieder einmal den pH-Wert und die Feuchtigkeitsverhältnisse in den Aufzuchtkästen kontrollieren.

Hühner

Auch im Hühnerstall lassen sich Wurmkisten unter den Sitzstangen der Hühner anbringen. Die Würmer müssen allerdings vor den Hühnern durch Maschendraht geschützt werden. Später sollen sie durchaus als hochwertiges eiweißlieferndes Lebendzusatzfutter den Hühnern vorgeworfen werden.

Vogelmist reagiert etwas hitzig. Die Würmer sollten daher in einem neutralisierten Substrat aus z. B. angerottetem alten Laub, Strohhäcksel, Lehmerde und Pappkartons und Zeitungspapier gehalten werden.

Der Hobbygärtner und Kleintierzüchter wird in seinem Bereich sicher noch weitere Einsatzmöglichkeiten für Kompostwürmer finden.

Nährstoffgehalte in tierischen Düngern in %

Stoff	Wasser	organ. Masse	Stickstoff	Phosphor	Kalium	Kalk
Frischer Mist gemischt	76,0	20,0	0,40	0,20	0,60	0,45
Rinder	77,3	20,3	0,40	0,16	0,50	0,45
Pferde	71,3	25,4	0,60	0,28	0,53	0,25
Schweine	72,4	25,0	0,45	0,20	0,60	0,08
Schafe	64,3	31,8	0,80	0,23	0,67	0,33
Ziegen	59,9	30,5	0,40	0,48	1,12	0,73
Kaninchen	71,0	28,4	0,80	0,20	0,70	0,30
Enten, Gänse	60,0	0,2	0,80	1,00	0,80	1,30
Tauben, Hühner	56,0	0,3	1,70	1,60	0,90	2,00

Förderung der Würmer im Boden

Regenwürmer sind die Baumeister fruchtbarer Böden, der Schlüssel für Bodenbildung und höhere Ernteerträge. Dennoch können sie keine Wunder vollbringen. Gärtner oder Landwirte, die Regenwürmer kaufen, im guten Glauben daß dies allein genüge, um aus toten Böden wieder fruchtbare Oasen zu machen, können schwer enttäuscht werden. Regenwürmer müssen als ein Faktor in einem großen und komplizierten System der Bodenbildung angesehen werden. Genauso wichtig sind der Gehalt an organischer Masse, Mulchen, Mineralelemente, die übrige Bodenlebewelt, Wirtschaftsweise, Bodenbearbeitung, pH-Wert und vieles andere mehr. Regenwürmer sind von diesen Faktoren betroffen und beeinflussen andererseits auch wieder diese Faktoren in einem dauernden Wechselspiel. Nur Gärtner und Landwirte, die das Ganze im Auge behalten und die Regenwürmer durch entsprechende Maßnahmen unterstützen, werden große Besatzdichten erreichen.

Prüfen des Wurmbestandes

Zuerst prüfen wir einmal unseren Regenwurmbestand. Dazu brauchen wir uns nicht unbedingt der Methoden, wie sie auf Seite 199 beschrieben werden, bedienen. Vielmehr zeigen uns ein paar Würmer, die wir im Frühjahr beim Umspaten an die Oberfläche befördern, daß der Boden in Ordnung ist und die Würmer ihre Arbeit verrichten.

Wir können aber auch ein Stück Boden quadratisch mit 30 cm Seitenlänge und 20 cm Tiefe, ausstechen. Wenn dabei mindestens 10 Regenwürmer gefunden werden, ist alles in Ordnung, bei nur 1 oder 2 stimmt irgendetwas nicht und man sollte der Sache auf den Grund gehen. Aus Amerika hört man, daß eine Regenwurmbesatzdichte von $100/m^2$ als gut und von 300 bis $500/m^2$ als optimal anzusehen ist.

Zufuhr organischen Materials

Angenommen, alle anderen Bodenparameter sind für den Regenwurm akzeptabel, dann wird sich jede Regenwurmpopulation nur insofern vergrößern, als organisches Material in größeren Mengen in den Boden eingebracht wird, sei in Form von Kompost, Mist, abgestorbenen Pflanzenresten oder anderer organischer Abfälle. Man muß sich darüber hinaus im klaren sein, daß man dauernd genügend organisches Material nachliefern muß, um den einmal erreichten hohen Bestand aufrecht erhalten zu können.

Jahreszeitlicher Futterbedarf

Am meisten Futter brauchen die Würmer – sehr zum Vorteil des Gärtners und des Landwirts – im Frühjahr und im Herbst. Zu diesen Zeiten sind Regenwürmer am aktivsten, während es sich im Sommer, wenn es auch wegen des Pflanzenwachstums, etwas schwieriger ist, organisches Material auszubringen, sich der Hitze durch eine Ruhezeit in kühleren Bodenschichten entziehen.

Die ersten kühlen Tage im frühen Herbst kündigen die aktivste Zeit der Regenwürmer an. Viele Jungwürmer

Prüfen des Wurmbestandes. Mit dem Spaten wird ein Stück Boden mit 30 cm Seitenlänge und 20 cm Stärke ausgestochen. Werden mindestens 10 Regenwürmer gefunden, ist im Boden alles in Ordnung.

schlüpfen jetzt und benötigen große Mengen Futter, um sich für den Winter zu versorgen. Zum Glück stehen dem Gärtner und Landwirt mit der Gründüngung und den Getreidestoppeln bzw. den Gartenabfällen und den fertigen Komposthaufen, die man nun unterpflügen oder ausbringen, genügend Material zur Verfügung. Auch Wurzeln abgeschnittener Blumen und Gemüse beginnen im Boden zu verrotten und stellen ein gutes Wurmfutter dar.

Im Frühjahr, der anderen Aktivitätsphase, wird der Misthaufen eingeebnet und aufs Feld gebracht, wo er ein nahrhaftes Wurmfutter darstellt.

Im allgemeinen lieben Regenwürmer organisches Material, das gerade etwas angerottet ist mehr als ganz altes oder ganz frisches Material. Den größten Gefallen tut man ihnen aber, wenn man sie mit Tiermist versorgt, den sie sofort angehen und in besten Humus verwandeln. Auf gar keinen Fall lieben sie zu saures Material in zu großen Mengen, wie z. B. Eichenblätter oder Kiefernnadeln.

Mulchen fördert Aktivität

Obwohl Regenwürmer verschiedene Aktivitätsphasen zeigen, werden sie nicht von einer »inneren Uhr« (einem biologischen Zeitgeber, wie bei manchen anderen Tieren) gesteuert, sondern hängen in ihrer Aktivität weitgehend von den jeweils herrschenden Umweltbedingungen ab.

Das bedeutet – und es wird auch ausgenützt –, daß man die Regenwurmaktivität über das ganze Jahr aufrechterhalten kann, wenn man den Boden im Sommer kühl und feucht und im Winter warm hält und mit organischer Substanz versorgt. Das alles ist mit Mulchen zu erreichen. Eine ständige Bodenbedeckung, wie sie z. B. das Mulchen darstellt ist das A und O der Regenwurmvermehrung im landwirtschaftlich genutzten Boden.

Die Berechnung, wieviel organische Masse eine ideale Regenwurmpopulation benötigt, sollte uns kein Kopfzerbrechen bereiten. Der ökologisch orientierte Gärtner und/oder Landwirt sollte soviel als möglich organisches Material sammeln und ausbringen. Die Regenwürmer regeln ihre Populationsdichte entsprechend dem zur Verfügung stehenden Material.

Mulch als Kälteschutz

Die Bedeutung des Mulchens nicht nur im Frühjahr und Sommer, sondern und vor allem auch im Herbst und Winter wird dann deutlich, wenn man bedenkt daß plötzlich einsetzender Frost, nach dem Maulwurf, der Todfeind Nr. 2 ist. Während einer plötzlichen kurz auftretenden Kältewelle im Oktober kann die Regenwurmpopulation an einem einzigen Tag so dezimiert werden, daß sie

Unter Dauergrünland, wie dieser Blumenwiese, ist der Regenwurmbesatz immer sehr hoch, weil durch absterbende Pflanzenteile genügend Futter zur Verfügung steht.

mehrere Jahre braucht, um die ursprüngliche Stärke wieder zu erreichen.

Freilandarten der Regenwürmer sind durchaus in der Lage tiefe winterliche Temperaturen zu überstehen, sogar in gefrorenem Boden zu überleben, aber sie benötigen Zeit, um sich allmählich an die niedriger werdenden Temperaturen zu gewöhnen. Sie graben sich einfach tiefer in den Boden, wo die Temperaturen noch erträglich sind, ringeln sich ein und warten bis der Boden im Frühjahr wieder auftaut. Ein plötzlicher und unerwarteter Kälteeinbruch im frühen Herbst wie er in unseren nördlichen Breiten durchaus vorkommen kann hat für die Regenwürmer katastrophale Folgen. So wie die Mulchdecke im Sommer die Erde kühl und feucht hält und die Regenwurmaktivität selbst bei heißem Wetter aufrechthält, ist die Mulchdecke im Herbst und Winter noch wichtiger, weil sie das Leben von vielen Tausend Würmern retten kann und sicherstellt, daß auch im kommenden Jahr eine hohe Besatzdichte gewährleistet ist.

Die Regenwurmbiomasse unter permanentem Grünland ist nicht nur deshalb immer sehr hoch, weil durch das dauernde Absterben von Wurzeln und oberirdischen Pflanzenteilen genügend Futter zur Verfügung steht, sondern vor allem auch, weil Regenwürmer durch die Grasnarbe vor den Herbstfrösten geschützt sind. Die wichtige Lehre, die der ökologisch wirtschaftende Bauer und auch der Kleingärtner daraus ziehen sollte, ist, den Boden das ganze Jahr über niemals unbedeckt, nackt und bloß den Unbilden des Wetters ausgesetzt zu lassen. Ganz davon abgesehen, daß dadurch die Bodenerosion und -verschlämmung noch gefördert würde.

Neutrale Böden

Regenwürmer sind – dank ihrer Kalkdrüsen – in der Lage den pH-Wert des Bodens immer ungefähr im neutralen Bereich zu halten. Etwas zu saure Böden werden alkalischer, etwas zu alkalische Böden werden saurer gemacht. Trotz ihrer Fähigkeit zur Neutralisation der Böden, sind sie doch sehr empfindlich gegenüber zu großen Verschiebungen des pH-Wertes. Weder der Tauwurm noch der Ackerwurm können in Böden mit einem pH-Wert von weniger als 4,5 überleben. Für den Gärtner und Landwirt ist es daher unerläßlich, den pH-Wert seines Bodens zu bestimmen, alljährlich zu überprüfen und wenn nötig durch geeignete Maßnahmen wie z. B. Kalken in den neutralen Bereich zu bringen und zu halten.

Verzicht auf Mineraldünger

Gärtner und Landwirte, die bestrebt sind, einen möglichst hohen Regenwurmbesatz zu erreichen, werden Pestizide und Mineraldünger weitgehend ablehnen, insbesondere jene Präparate, die besonders giftig für Regenwürmer sind (s. Seite 55, 58).

Bei Einsatz von Kalkstickstoff z. B. kommt es während dessen Umwandlung im Boden für kurze Zeit zur Bildung von Cyanamid, das für den Regenwurm tödlich ist. Andere hochprozentige Stickstoffdünger bilden bei ihrer Um-

wandlung das die Haut der Regenwürmer verätzende Ammoniak. Das geht so schnell, daß die Würmer keine Zeit haben, zu flüchten und viele tausend Individuen zugrundegehen. Branntkalk hat eine ähnliche Wirkung. Auch er verätzt die empfindliche Wurmhaut.

Mancher Hausbesitzer, der meint, sein Rasen müsse wie die Bespannung eines Billiard-Tisches aussehen, hat seinen Rasen überdüngt, ihn zu oft und zu kurz geschnitten, hat zudem viel Geld für Bewässerung und viel Mühe für die Bedeckung der zarten Grasnarbe investiert. Er sollte sich aber nicht wundern, wenn mit der ersten Hitzeperiode der Rasen braun wird. Das Fehlen einer ausreichenden Wurmpopulation ist dann der Hauptgrund für den steinharten Boden, in den kein Wasser mehr eindringen kann. Liegenlassen des gemähten Grases nützt dann auch nichts, wenn die Regenwürmer dies nicht in den Boden ziehen und es in Humus verwandeln können.

Verbesserung der Bodenstruktur

Oft sind auch strukturelle Mängel der Böden die Ursache dafür, daß sich kein guter Regenwurmbestand einstellen will.

Schwere Böden sollte man durch Verwendung von Gründüngungspflanzen den Regenwürmer wieder zugänglich machen. Links Phacelia, rechts Spinat.

Tiefenlockerung

Es kann sein, daß eine harte Bodenschicht im Unterboden Drainageprobleme hervorruft, weil das Wasser durch diese Schicht nicht hindurch kann und sich im Oberboden leicht Pfützen bilden, die nur langsam wieder verschwinden. Mit der Zeit – aber wahrscheinlich einer langen Zeit – sind sicher auch die Regenwürmer in der Lage, solche Schichten zu knacken. Wir sollten sie aber mit einem Tiefenlockerer, einem Gerät, das die Erde zwar aufreißt, aber nicht umdreht, in ihrer Arbeit unterstützen. Ist die Hartschicht erst einmal aufgerissen, werden die Regenwürmer durch ihre Tätigkeit ein nochmaliges Ausbilden dieser Schicht verhindern, so daß die Bodenbearbeitung in der Zukunft wieder auf ein Minimum reduziert werden kann.

Gründüngung

Schwere Lehmböden sollte man dadurch wieder für Regenwürmer zugänglich machen, in dem man soviel als möglich organisches Material, gemischt mit etwas Sand, einbringt. Eine Möglichkeit ist, dieses Stück Land einige Zeit aus der Produktion zu nehmen, Gründüngung einzusäen, die Pflanzen unterzupflügen und sofort wieder andere Arten von Gründüngungspflanzen einzusäen.

Diese Prozedur wird so lange wiederholt, bis der Boden merklich lockerer geworden ist und sich die ersten Regenwürmer wieder ansiedeln. Wenn genügend Würmer vorhanden sind, überlassen wir ihnen die weitere Bodenbearbeitung und beschränken uns nur darauf, die Umweltbedingungen so günstig als möglich zu halten.

Wechselnder Anbau

Wer weiterhin auf dem zu verbessernden Land anbauen will, sei es Gemüse im Garten oder Korn auf dem Feld, der unterteilt das Feld oder das Beet, z. B. in 1 m breite Streifen, auf denen Gründüngung oder Flächenkompostierung mit normalem Anbau abwechselt. Dabei wurden die Flächen mit der Bedeckung öfter umgepflügt bzw. umgegraben und neu angelegt. Im Herbst pflügt oder gräbt man alles um und überläßt das ganze Feld oder das Beet im Garten der Frostgare, die eigentlich eine Scheingare ist. Sie erfüllt aber hier ihren Zweck, die Bodenkrume aufzureisen. Auf diese Art und Weise kann man immer während eines Jahres eine Hälfte des verbesserungswürdigen Landes bepflanzen und ernten, während nach und nach der Boden zu gesunden beginnt.

Sandige Böden

Sandige Böden macht man am besten dadurch bindiger und wurmverträglicher, daß man sehr viel organische Masse einbringt, angefangen bei Mist, Kompost, Fallaub, Sägemehl, Obst- und Weintrester bis hin zu altem Heu und Strohhäcksel. Wenn auf diese Weise grundlegende strukturelle Bodenmängel angegangen werden, werden die Regenwürmer schneller zunehmen und leichter in der Lage sein, für einen guten und produktiven Boden zu sorgen. Es ist ein sich selbst rückkoppelndes System, daß der verbesserte Boden dem Regenwurm hilft und die Regenwürmer ihrerseits helfen, die Fruchtbarkeit des Bodens zu erhöhen und zu erhalten.

Einsetzen von Würmern

Über die Notwendigkeit zusätzlich zur Verbesserung der Lebensbedingungen auch noch Würmer bzw. Wurmeier auszubringen, streiten sich die Gelehrten. Die einen behaupten, ein Boden der für Würmer akzeptable Umweltbedingungen biete, werde auch von ihnen besiedelt. Andere sind der Meinung, daß das alles viel zu lange dauere. Wenn keine Rückzugszonen wie Feldraine oder Gewässerränder, von wo eventuell Würmer einwandern könnten, zur Verfügung stünden, könne man auch keine natürliche Einwanderung von Regenwürmern erwarten.

Tatsache ist, daß Böden, die eine potentiell hohe Fruchtbarkeit besitzen, wie z. B. in Neu-Seeland oder in neugewonnenen Polderflächen in Holland, und die überhaupt keinen Regenwurmbesatz aufwiesen, erst durch das Aussetzen von Regenwürmern richtig urbar gemacht werden konnten (s. Seite 49).

Ein anderer Fall, wo es sinnvoll sein kann, Regenwürmer einzubringen, ist, wenn inmitten einer Zone konventionell betriebener Landwirtschaft mit Spritzungen und Mineraldüngereinsatz ein Bauernhof auf biologischen Anbau umstellen will. Auch für ökologisch orientierte Gärtner, die sich zwischen Nachbarn befinden, die Ungeziefer und Unkraut mit Hilfe der chemischen Keule vernichten und damit auch jegliches Bodenleben, einschließlich den Regenwurm, treffen, ist es ratsam, Würmer auszusetzen. Welche Würmer für welche Zwecke geeignet sind, wurde schon auf Seite 68 beschrieben. Über Fangmethoden ist auf Seite 119 nachzulesen.

Der Regenwurm im Obst- und Weinbau

Regenwürmer spielen in den oben genannten Kulturen eine wichtige Rolle. Einerseits belüften sie den Boden um die Wurzeln durch ihre Grabtätigkeit und drainieren in einem Bereich, wo man beim Arbeiten mit Pflug und Egge befürchten müßte die Wurzeln zu verletzen. Andererseits helfen sie durch ihr Freßverhalten mit, pilzbedingte Krankheiten der Obstbäume und Rebstöcke zu vermindern, wenn nicht gar ganz auszuschalten.

Obstbau

Barrett (1947) berichtet von einem kalifornischen Zitrusplantagenbesitzer, der die Erträge seiner Bäume um das Doppelte erhöhen konnte, nachdem er jede mechanische Bearbeitung seines Bodens eingestellt hatte, und gleichzeitig die Wurmbiomasse im Boden gefördert hatte. Nicht überall kann man solche Wunder erwarten.

Physikalische Bodeneigenschaften

Es ist erwiesen, auch aus Untersuchungen aus Deutschland, daß Regenwürmer die physikalischen Eigenschaften der Böden wie Gesamtporosität, Aggregatstabilität und Porengrößenverteilung erheblich verbessern. Im Obstbau ist es vor allem die Art *Lumbricus terrestris*, die durch ihr tiefes Graben für eine gute Durchmischung des Mineralbodens mit der organischen Masse des Oberbodens sorgt. Sie belüftet die Erde um die Baumwurzeln drainiert sie und versorgt sie mit einem ausgewogenen Nährstoffangebot. Das vermehrte und bessere Wurzelwachstum bringt gesündere Bestände mit höheren Erträgen hervor.

Voraussetzung ist aber auch hier, daß man den Würmern angemessene Umweltbedingungen schafft, d. h., eine Dauerbegrünung durchführt und jegliche – zumindest tiefwirkende – Bodenbearbeitung unterläßt.

Integrierter Pflanzenschutz

Eine wichtige Rolle kommt den Regenwürmern auch beim integrierten Pflanzenschutz zu. Einige Arten, insbesondere *L. terrestris*, ziehen das am Boden liegende Fallaub in ihre Gänge und verzehren es. Durch den Fallaub-Verzehr werden auch die daran haftenden Überwinterungsformen von Schadpilzen, z. B. des Apfelschorfs, beseitigt, so daß die Infektionsherde im Frühjahr auf ein Minimum reduziert werden. Zusammen mit anderen Maßnahmen kann somit der Fallaub-Verzehr durch Regenwürmer über deren Förderung ein Teilglied der integrierten Bekämpfung bestimmter Pilzkrankheiten darstellen.

Weinbau

Für den Weinbau läßt sich im Hinblick auf den Pflanzenschutz und die Bodenbedeckung ähnliches wie für den Obstbau sagen.

Integrierter Pflanzenschutz

Sowohl der Falsche Mehltau (*Plasmopara viticola*) als auch der Rote Brenner (*Pseudopeziza tracheiphila*) überwintern am abgefallenen Rebblatt und könnten durch Regenwürmer vernichtet werden. Auch der größte Teil der Gemeinen Spinnmilbe (*Tetranychus urticae*) verbleibt im abgefallenen Reblaub, um im Frühjahr den Unterwuchs zu besiedeln. Die Erhaltung der Regenwürmer, soweit sie das Fallaub vernichten, scheint somit auch im Weinbau sinnvoll zu sein.

Bodenbedeckung

Genau wie in Obstkulturen haben auch Untersuchungen in Weinbaugebieten gezeigt, daß begrünte Weinbergböden im allgemeinen am arten- und individuenreichsten sind. Ein nackter Boden bietet den Regenwürmern nicht nur eine unzureichende Nahrungsgrundlage, die ja aus organischer Substanz besteht, er gewährt den Würmern auch wenig Schutz vor Sonneneinstrahlung, Austrocknung und Frost. Eine grüne Bodenbedeckung ist unabdingbar für eine optimale Regenwurm-Aktivität, wie für ein gesundes Bodenleben überhaupt.

Eine Zwischenstellung hinsichtlich des Regenwurmbesatzes nehmen solche Rebanlagen ein, die eine Bodenbedeckung mit Stroh aufweisen. Eine Zufuhr organischer Substanz nicht nur über Stroh, sondern auch über Klärschlammkompost (bei letzterem auf Schwermetallgehalt achten!) stellt eine beachtliche Verbesserung der Lebensbedingungen für Regenwürmer dar und führt zu einer vermehrten Grabtätigkeit mit all den positiven Erscheinungen für die Bodenstruktur, wie sie zuvor für den Obstbau geschildert wurden.

Bodenbearbeitung

Mehr noch als im Obstbau führt eine intensive Bodenbearbeitung im Weinbau, vor allem das dauernde Befahren auf den zwangsläufig immer gleichen Rebzeilen in den gleichen Gassenspuren zu einer Dezimierung der Regenwürmer, insbesondere der kleinen Jungtiere und aller Oberflächenbewohner. Gerade solche, wie z. B. *Lumbricus rubellus* kommen – zumindest im Kaiserstuhl – vermehrt in Weinbergen vor. Wenn der Druck der Arbeitsgeräte auf den Boden nicht durch eine Dauerbegrünung oder eine Mulchdecke gemindert wird, wer-

Regenwurm-Biomasse (g) in Rebanlagen mit unterschiedlicher Bodenbedeckung, Blankenhornsberg 1979/80

Boden	Sommer 13. 6. 79	Herbst 31. 10. 79	Frühjahr 12. 5. 80	⌀
begrünt	20,3	42,9	50,4	37,9
strohbedeckt	4,2	0,7	13,8	6,3
offen	0,7	3,6	0,8	1,7

Eine grüne Bodenbedeckung ist auch im Weinbau unabdingbar für eine gute Regenwurm-Aktivität (links). Nackter Boden bietet den Regenwürmern weder Nahrung noch Schutz vor Feinden, Sonne und Frost (rechts).

den sowohl oberflächenbewohnende Arten als auch die Jungwürmer der tiefgrabenden Arten, die sich im Jugendstadium auch im oberen Krumenbereich aufhalten, nachhaltig in ihrer Vitalität gestört.

Die negative Wirkung von Bodenbearbeitungsmaßnahmen wie Fräsen und Pflügen, beruht auf der direkten Abtötung von Regenwürmern, auf der Zerstörung von Gangsystemen, auf der starken oberflächlichen Austrocknung und sicherlich auch auf dem vermehrten Zugriff der natürlichen Feinde der Regenwürmer, wie räuberische Käfer, Hundertfüßler, Maulwurf, Spitzmaus und Vögel.

Pflanzenschutzmittel

Den vielen Pflanzenschutzspritzungen (bis zu 14mal in einer Vegetationsperiode) sind auch die Regenwürmer ausgesetzt. Entweder kommen sie direkt mit abtropfender und in den Boden gelangender Spritzbrühe in Kontakt oder sie werden durch behandelte Pflanzenteile, z. B. Fallaub oder Schnittlaub, das sie als Nahrung aufnehmen, vergiftet. Dabei muß die Vergiftung nicht unbedingt tödlich sein, kann aber zu einer Verminderung der Nachkommenzahl oder zu einem vermehrten Absterben der Kokons führen. Auch können Pflanzenschutzmittel angereichert und über die Nahrungskette weitergegeben werden.

Insektizide wie Sevin mit dem Wirkstoff Carbaryl oder Curaterr mit dem Wirkstoff Carbofuran sind, wie schon auf Seite 58 erwähnt, stark giftig für Regenwürmer. Phosphorsäureester wie Parathion, Azinphosmethyl und Trichlorfon üben nur eine geringe direkte Wirkung auf Regenwürmer aus. Sie sind auch relativ schnell abbaubar, können aber dennoch die Fortpflanzungsrate oder die Embryonalentwicklung stören.

Tödlich für Regenwürmer wirken auch das Gelbspritzmittel DNOC und die Nematizide Dichlorpropan-Dichlorpropen und Methylbromid.

Fungizide mit den Wirkstoffen der Captanoide (Phthalsäure-Derivat), der Dithiocarbamate und der Netzschwefel scheinen keine nachteiligen Effekte auf die Regenwürmer zu haben.

Anders sieht es bei dem synthetischen Botrytis-Mittel Benomyl aus der Benzimidazol-Reihe aus. Dieses Mittel reduziert den Regenwurmbesatz beträchtlich und ist unter ungünstigen Bedingungen noch 3 Jahre später nachweislich wirksam. Durch kupferhaltige Fungizide kann eine erhöhte Mortalität (Sterblichkeit) der Kokons und Jungwürmer eintreten. Bei mehrjährigem Einsatz von Kupferoxydchlorid, mit einer Anreicherung im Boden mit Werten über 80 ppm, ist eine Ausrottung des ganzen Regenwurmbestandes möglich.

Unter den Pestiziden scheinen die Unkrautvernichtungsmittel (Herbizide) den geringsten Einfluß auf Regenwürmer auszuüben. Mittel wie Paraquat und Linuron haben keine, Atrazin, Simazin und 2-4-5-T nur mäßig nachteilige Auswirkungen gezeigt.

Forschungsergebnisse

In einer Dissertation (Schruft 1982), aus der teilweise die zuvor gemachten Aussagen entnommen sind, kommt der Autor zu dem Ergebnis: »Insgesamt er-

scheint es auch im Weinbau sinnvoll, beim Rebschutz auf jene Pflanzenschutzmittel möglichst zu verzichten, die als regenwurmtoxisch bekannt sind und integrierte Verfahren zu bevorzugen.«

Er verweist weiterhin auf eine Untersuchung im Obstbau, wo die Wirkung unterschiedlicher Pflanzenschutz-Programme auf den Regenwurmbesatz untersucht wurden. Als Ergebnis wurde festgestellt, daß bereits bei einer »integrierten Fläche« der Wurmbesatz gegenüber intensiv behandelten Flächen anstieg. Außerdem wies eine Anlage, die nur mit bestimmten Fungiziden, wie Captan und Dichlorfuanid gespritzt wurde, den höchsten Wurmbestand auf.

Durch Anwendung der Methoden des integrierten Pflanzenschutzes, durch zurückhaltende Bodenbearbeitung und Mineraldüngung sowie einer Dauerbegrünung läßt sich sowohl im Wein- wie auch im Obstbau der Regenwurmbesatz vermehren. Der Boden wird fruchtbarer, die Kulturen gesünder und ertragreicher. Daß dabei, nach einer gewissen Zeit der Umstellung, Kosten für Düngung und Spritzung, aber auch Zeit durch weniger Arbeits- und Maschineneinsatz gespart werden können, ist wohl ein gern gesehener Nebeneffekt.

Würmer aussetzen

Normalerweise wird es nicht nötig sein, in Obst- oder Rebanlagen Regenwürmer auszusetzen, da sie immer einige fruchtbare Arten beherbergen, deren Anzahl durch alternative Landbaumethoden erhöht werden kann. Nur im Falle, daß der Boden durch die übermäßige Anwendung chemischen Mittel kein aktives Bodenleben mehr besitzt, kann man durch das Aussetzen von Regenwürmern eine schnellere und nachhaltige Sanierung erreichen. Dafür eignet sich am besten der Tauwurm *Lumbricus terrestris*. Würmer der Gattung *Eisenia* sind nicht zu empfehlen, weil sie das Fallaub nur in geringem Maße verwerten können. Sie würden nach kurzer Zeit an Nahrungsmangel eingehen.

Die Wirkungen von Wurmhumus

Regenwürmer stopfen unaufhörlich Erde und organisches Material in sich hinein und scheiden nach der Darmpassage ihre Nahrung als feinste Humuskrümel aus, die jene wertvollen Ton-Humus-Komplexe enthalten. Im Verdauungstrakt der Würmer wird alle organische Substanz mit Hilfe von kleinen Sandquarzkieselchen zerkleinert, umgewandelt und mit Mikroorganismen angereichert.

Kräftigung der Pflanzen

Wurmhumus zeigt eine annähernd neutrale Reaktion, d. h., die pH-Werte liegen zwischen 6,5 und 7,8 (pH 7 = neutral), gleichgültig wie sauer das Futter vorher war. Im Verdauungskanal des Wurms wird mit Hilfe von Kalzittropfen aus den körpereigenen de-Morren-Drüsen jede Säure neutralisiert.

Die mitaufgenommenen Kleinstkieselchen, mit deren Hilfe der Wurm seine Nahrung zerreibt, werden mit der Zeit auch zermahlen, so daß der Wurmkot pflanzenaufnehmbare Kieselsäure enthält. Sie dient den Pflanzen zur Verstärkung ihrer Außenhaut (Epidermis) und schützt sie gegen Windbruch und Blattläuse. Den Blattläusen kostet es zuviel Kraft, den Saugrüssel durch die verdichtete Außenhaut in die saftführenden Zellschichten zu bohren. Versorgt man schon verlauste Kulturpflanzen mit Wurmhumusgaben, so wirkt diese Düngung schon nach 2 bis 3 Wochen vergraulend auf die Läusekolonien. Besonders Rosen, Petunien, Dahlien und Brombeeren haben positiv reagiert.

Förderung der Mikroorganismen

Mit der aufgenommenen Erde gelangen verschiedene Abbaubakterien des Bodens in den Verdauungskanal der Würmer. Ihre Lebensdauer beträgt 20 bis 60 Minuten. Die jeweilige Vermehrungsrate ist darin eingeschlossen. Die Verdauung des aufgenommenen Futters im Regenwurm dauert zwischen 4 und 20 Stunden. Es läßt sich unschwer erkennen, daß es deshalb und weil die Bakterien im Wurmdarm günstige Bedingungen mit gleichmäßiger Temperatur und ausreichendem Futterangebot vorfinden, zu einer Vermehrung der Abbaubakterien, aber auch von Kleinstpilzen und teils anderer Mikroorganismen kommt. Die Verdauungsreste der Würmer, der Wurmhumus oder besser die Wurmlosung, ist also stärker mit Bakterien besetzt als die Erde ringsum. Im Wurmkot sind noch viele unverdaute organische Reste, die überwiegend aus Semi- und Polysacchariden (Halb- und Vielfachzuckern) bestehen – ein gefundenes Fressen für die anderen Bodenorganismen. Die Tätigkeit der Bakterien an den Verdauungsresten setzt Nährstoffe und Nährstoffgruppen für die Aufnahme durch Pflanzenwurzeln frei.

Pflanzenfördernde Wirkstoffe

Die Kleinstpilze und Bakterien sowie der Regenwurm selbst scheiden Antibiotika, Fermente und andere wichtige organische Stoffe, z. B. Aminosäuren aus, die für ein gesundes Wachstum der Pflanzen unentbehrlich sind. Diese

Fernwirkungen eines gesunden Bodens: Die Tomate vermochte ihre Hagelwunde wieder zu schließen.

Wirkstoffe sind in der Lage, auch kränkelnde oder vom Absterben bedrohte Pflanzen wieder zu gesunden. Wurmhumus enthält viel pflanzenverträgliche organische Masse, aus der Balkon- und Topfpflanzen etwa 2 – 3 Monate lang ihren Bedarf decken können.

Nährstoffreichtum

Aus einer älteren Untersuchung des Hessischen Landesamt für Ernährung, Landwirtschaft und Landesentwicklung geht hervor, daß Wurmerde bis zu
  5 × reicher an pflanzenverfügbarem Stickstoff,
  7 × reicher an löslichem Phosphat,
  11 × kalihaltiger und
  2 × reicher an austauschbarem Magnesium
ist, als die sie ringsumgebende Erde. Diese Werte sind natürlich davon abhängig, in welchem Substrat die Würmer leben und womit sie gefüttert werden. Auf jeden Fall werden in ihrem Darm die Nährstoffe konzentriert und in den Krümeln festgehalten.

Ton-Humus-Komplexe

Die mit der Lösung von den Kompostwürmern abgesetzten Ton-Humus-Komplexe enthalten Quellkörper (Kolloide), die mit den allerbesten Tonmineralien, wie Montmorillonit und Illit, vergleichbar sind. Sie halten nicht nur Wasser und Nährstoffe sehr fest, auch Schwermetalle werden an bestimmten Stellen im Kristallgittersystem gebunden. Die Wurmkrümel mit den Ton-Humus-Komplexen werden zusätzlich durch die Schleimstoffe der sie besiedelnden Mikroorganismen stabilisiert.

Stabile Bodenstruktur

Das bewirkt, daß die Krümel auch bei Starkregen nicht so schnell zerfallen und den Boden vor Verschlämmung schützen. Wurmkot ist ein guter Bodenverbesserer, weil er durch seine stabile Aggregatstruktur das Porenvolumen-Verhältnis im Boden verbessert und somit zur besseren Durchlüftung und Drainage des Bodens beiträgt. Die in ihm enthaltenen Quellkörper steigern die Wasserhaltefähigkeit.

Ton-Humus-Komplexe können Schadstoffe festhalten und sie damit der Aufnahme durch Pflanzen entziehen.

Bindung von Schadstoffen

Blei z. B. ist im sauren Bereich leicht löslich und von den Pflanzen aufnehmbar. Im alkalischen Bereich wird es von Humusteilchen und Tonmineralen so festgelegt, daß es in seiner Masse (bis 90%) der Aufnahme durch die Pflanzenwurzeln entzogen wird. Wurmhumus erfüllt diese Voraussetzungen.

Cadmium dagegen wird z. B. von bestimmten Säuren im Humus, den Fulvo-

Die Kurve zeigt deutlich den Reichtum an Spurenelementen im Wurmhumus.

Besonders der Anteil der Kieselsäure (Si) ragt heraus.

säuren ausgefällt, ein Vorgang ähnlich dem in Milch, wenn man Essig zugibt. Dieses Ausfällen verringert die Aufnahme von Cadmium durch die Pflanzenwurzeln bis um 2/3. Kalk löst das Cadmium wieder, deshalb sollte man anstelle von Kalkgaben hochwertige Tonminerale, wie sie im Bentonit enthalten sind, zugeben. Diese Tonminerale haben in Verbindung mit Wurmerde eine optimale Bindefähigkeit. Diese Bindefähigkeit gilt es, zum eigenem Schutz vor Schadstoffen in der Nahrungskette, zu entwickeln und ständig aufrechtzuerhalten. Was in den Boden eingeweht oder hineingeregnet ist, bleibt auch drin. Besser wäre es selbstverständlich, wenn die Schadstoffquellen selbst endlich entgiftet würden.

Merken wir uns: Je größer der Humusgehalt im Boden ist und je enger die Bodenreaktion im neutralen Bereich liegt, desto besser lassen sich saurer Regen abpuffern, schädliche Schwermetalle und Pflanzenschutzmittelrückstände im Boden festhalten und der Weitergabe in die Nahrungskette durch Pflanzen entziehen. Dazu kann der Wurmhumus mit seinen Eigenschaften wesentlich beitragen.

Zusammenfassung

▶ Wurmhumus enthält pflanzenverträgliche organische Masse, aus der Kulturpflanzen ihren Nährstoffbedarf decken können.
▶ Wurmhumus besteht aus stabilen Aggregatkrümeln, den sogenannten Ton-Humus-Komplexen. Sie halten Wasser, Schad- und Nährstoffe stärker fest als der einfache Gartenboden rundherum. Ihre Stabilität garantiert eine bessere Durchlüftung und Drainage des Bodens.
▶ Wurmhumus zeigt stets neutrale Reaktion und verbessert damit die Pufferfähigkeit des Bodens gegenüber dem sauren Regen.
▶ Wurmhumus enthält pflanzenverfügbare Kieselsäureanteile, womit Pflanzen ihre Außenhaut verstärken und Läuse vergrault werden.
▶ Wurmhumus enthält antibakteriell wirkende Schleimstoffe, die kränkelnde Pflanzen gesunden lassen.
▶ Wurmhumus fördert das Wurzelwachstum und führt daher zu höheren und besseren Erträgen.

In Verbindung mit einer Mulchdecke, auf die »nackten Stellen« zwischen den Reihen und den Pflanzen aufgebracht, stellt Wurmkompost einen idealen Boden- und Pflanzenhilfsstoff dar.

Käuflicher Wurmhumus

Bei käuflichen Wurmhumus-Produkten unterliegen die Nährstoffgehalte starken Schwankungen und der Anteil an stabilen Ton-Humus-Komplexen ist ebenfalls sehr unterschiedlich. Dies ist entscheidend auf das Futter und das Substrat zurückzuführen, mit bzw. in dem die Würmer aufgewachsen sind. Es ist daher zu empfehlen, die Packungsbeschreibung und die Nährstoffangaben genau zu studieren.

Anforderungen

Das Umweltbundesamt hat zusammen mit Herstellern und Fachwissenschaft-

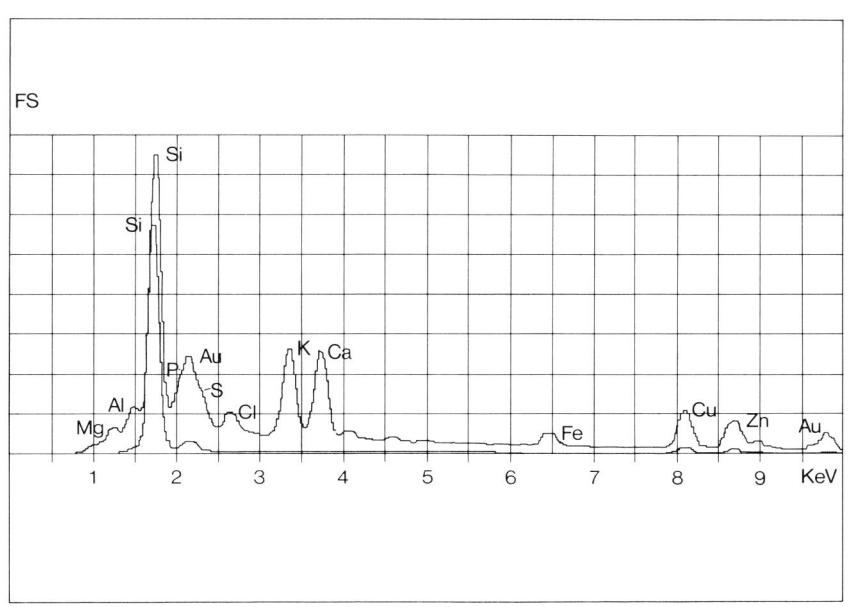

lern folgende vorläufige Kriterien für Wurmkomposte erarbeitet:
- Gebrauchtwertanforderungen
  Mindestens 90 Vol.-% organische Abfallstoffe als Ausgangsmaterial. Der Anteil der Wurmlosung im Kompost muß mindestens 70% betragen. Das Fertigprodukt muß folgende Rahmenanforderungen erfüllen (20% Abweichung sind erlaubt):

Organischer Gehalt (als Glühverlust)	40–45%
C-N-Verhältnis	15
pH-Wert (CaCl$_2$)	6,5–7,5%
N (pflanzenverfügbar)	mind. 1,5%
P$_2$O$_5$	mind. 1,2%
K$_2$O	mind. 0,5%

- Schadstoffe und Hygiene
  Der Wurmkompost darf die Werte der Klärschlammverordnung für Schwermetalle nicht überschreiten:

	mg/kg lufttrockener Kompost
Cadmium (Cd)	3
Blei (Pb)	100
Kupfer (Cu)	100
Zink (Zn)	300
Chrom (Cr)	100
Nickel (Ni)	50
Quecksilber (Hg)	2

Über organische Schadstoffe und hygienische Unbedenklichkeit wurde keine Einigkeit erzielt. Eine Garantie für die gleichbleibende Zusammensetzung ihrer Produkte konnten die Hersteller nicht geben, da die Zusammensetzung des Ausgangsmaterials oft wechselt. Zur Überprüfung der Angaben wird eine zeitlich zu wiederholende Untersuchung durch neutrale Gutachter angestrebt.

Unten links: Als besonders fördernd auf das Pflanzenwachstum hat sich die Zugabe von Gesteinsmehl zum Wurmhumus erwiesen. **Unten rechts:** Zucchini reagieren überaus dankbar auf Wurmhumusgaben.

Perspektiven

Nachdem die Zahl der Wurmhumusanbieter zunächst hochgeschnellt war, ist sie inzwischen wieder zurückgegangen. Der Markt für Wurmhumussubstrate ist noch wenig erschlossen und eine intensive Werbung fehlt. Es wird noch einige Zeit vergehen, bis sich die positiven Eigenschaften dieses Produktes herumgesprochen haben und die Nachfrage entsprechend angekurbelt wird.

Hinderlich für den Verkauf waren bisher auch die zum Teil hohen Preise und die mangelnde Anpassung der Wurmerde an die Bedürfnisse der verschiedenen Kulturen. Hier zeichnen sich Veränderungen ab. Die Preise dürften allgemein zurückgehen und inzwischen werden aufgedüngte und angereicherte Wurmhumussubstrate angeboten, die gezielt auf verschiedene Kulturen abgestimmt sind. Selbst Wurmhumus in flüssiger Form ist inzwischen auf dem Markt erhältlich. Nur eine Gießkappe voll an die Topfpflanzen geben. Einfacher kann man es wirklich nicht mehr machen.

Anwendung von Wurmhumus

Auf Grund seiner vielen günstigen Eigenschaften läßt sich Wurmhumus(-kompost) auch sehr vielseitig verwenden. Man kann ihn zur Verbesserung der Bodenstruktur benutzen oder die Balkon- und Zimmerpflanzen damit düngen. Man kann ihn zum Mischen für Anzuchterden benutzen oder den Gemüsepflanzen als Kopfdünger verabreichen. Man kann damit Weiden düngen oder den Wurzelbereich von Obstbäumen und Weinreben einstreuen. Gleich, wo und wie man den Wurmkompost, sei er gekauft oder selber erzeugt, verwendet, immer wird man über seine positiven Effekte überrascht sein.

Unterschiedliche Zusammensetzung

Für den Wurmkompost, wie übrigens für alle Kompostarten oder organische Dünger, lassen sich nicht – wie man das von den handelsüblichen Mineraldüngern gewöhnt ist – genaue Gebrauchsanweisungen nach dem Motto »Man nehme und erhalte« geben. Wurmkompost ist ein lebendiges Produkt, dessen Wirkung und Zusammensetzung abhängt vom Futter der Würmer, die ihn produziert haben, vom Substrat, in dem die Würmer aufgezogen wurden, von der Zusammensetzung der Mikroorganismengemeinschaft und deren jeweiligen Aktivitätsphasen und nicht zuletzt auch vom Boden, auf dem der Wurmkompost ausgebracht wird.

Es werden deshalb hier nur einige allgemein gültige Anweisungen gegeben und einige erfolgreiche Anwendungsbeispiele beschrieben.

Aufwandmengen

Die Aufwandmengen für Wurmkompost richten sich nach der Bodenbeschaffenheit und den Ansprüchen des Gärtners an Quantität und Qualität seiner Pflanzen. Der biologisch wirtschaftende Gärtner und Landwirt muß sich mit dem Gedanken vertraut machen, ohne starre Anweisungen zu arbeiten. Wer sich Zeit nimmt und seinen Garten, seine Kulturen, ihr Wachsen oder Kümmern, genau beobachtet, dem werden die eigenen Sinne bald Aufschluß darüber geben, was zu tun ist.

Ausbringen

Für Wurmkompost gilt der für alle Komposte gültige Grundsatz: Niemals eingraben! Aber Ausnahmen bestätigen die Regel: Bei Neupflanzungen von Bäumen, Sträuchern und Reben gibt man Wurmkompost mit ins Pflanzloch.

Mengen

Wurmkompost bringt man im allgemeinen als Schicht auf Beete und Rabatten. Von der verfügbaren Menge Wurmkompost hängt es ab, wie dick die Schicht werden kann. 2 bis 3 cm sollte sie schon betragen. Das Maximum ist bei 8 bis 10 cm zu suchen. Doch dann entfallen bereits 2 m^3 Wurmerde auf 20 m^2 Beetfläche. Das entspricht 13 m^3 Wurmfutter! Der eigene Garten bringt das kaum während der ganzen Vegetationszeit. Es empfiehlt sich deshalb, die Abfälle nicht kompostierender Nachbarn zu sammeln und mitzuverarbeiten.

Jahreszeit

Wurmkompost kann zu jeder Jahreszeit aufgebracht werden. Im Frühjahr vor der Aussaat, wenn der Boden sich langsam erwärmt und die Kleinstlebewesen aktiv werden, um die in den Wurmkrümeln festgelegten Nährstoffe für die Pflanzen aufzuschließen. Im Herbst zur Regeneration des Bodens, wenn der Boden noch warm und die Mikroorganismen noch aktiv sind.

Im Sommer aufgebrachter Wurmkompost sollte vor Austrocknung durch zu intensive Sonneneinstrahlung und Wind geschützt werden, indem man die Beete mit geeignetem Mulchmaterial abdeckt. Dies ist umso wichtiger, als sonst eine an sich positive Eigenschaft der Wurmkrümel, nämlich das festere Zusammenhalten der Aggregate durch die Schleimstoffe der Mikroben, sich negativ auswirkt. Diese Schleimstoffe müssen stets kühl gehalten werden, um elastisch zu bleiben. Bei zu intensiver Sonneneinstrahlung härten diese eiweißhaltigen Stoffe aus und verbacken die Krümel zu einer betonharten Schicht, in die kein Wasser mehr eindringen kann. Die Mikrobentätigkeit ist gestoppt, die Pflanzen erhalten kein Wasser und keine Nährstoffe mehr und sterben ab.

Wer also beobachtet, daß nach Ausbringen von Wurmkompost die oberste Bodenschicht hart und fest wird, sollte sie mit einem Rechen oder Kräuel (Krail) lockern, leicht in die Erde einarbeiten, gut wässern und mit angetrocknetem Grasschnitt, samenlosem Unkraut oder unverholztem Hecken- und Staudenschnitt, dünn bedecken.

Anwendungsbeispiele

Starkzehrendes Gemüse

Wurmkompost eignet sich auch als Kopfdünger und sollte besonders bei Starkzehrern während der Fruchtbildung gegeben werden. Besonders wohltuend wirken sich solche Gaben Ende Juni – Anfang Juli und Mitte – Ende August aus.

Beerenobst

Brombeeren, Himbeeren und Erdbeeren, aber auch Johannis- und Stachelbeeren sind ausgesprochen dankbar für Wurmkompostgaben über den Winter und zusätzlichen Gaben als Kopfdünger.

Obstbäume

Ein hungernder oder alter, wenig ertragreicher Obstbaum kann mit Wurmkompost wieder auf gute Ernteerträge gebracht werden. Am besten funktioniert man die Baumscheibe in einem Umkreis von 1,5 bis 2 m zur Dauerfutterstelle für Kompostwürmer um. Man errichtet eine regelrechte Wurmmiete um den Stamm herum. Innerhalb von 3 bis 4 Jahren nimmt der Fallobstanteil sehr stark ab, die Früchte halten länger und überstehen Insektenbefall mit weniger Ausfällen. Besonders bei Apfelbäumen wurde diese Wirkung beobachtet. Nicht ganz so gut sind die Ergebnisse bei Zwetschgen, Pflaumen und Birnen. Der andersartigen Wurzelausbildung wegen erreicht sie der Wurmhumus im Boden nicht so konzentriert.

Eine andere wichtige Erscheinung für Besitzer von Obstbäumen ist die Tatsache, daß ebenfalls nach 3 bis 4 Jahren regelmäßiger Wurmkompostgaben bzw. dem Anlegen einer Wurmmiete um den Stamm herum, an alten Schnittstellen sich neues Kambium bildet und die Wunde nach und nach verschlossen wird.

Ziergarten

Im Ziergarten gibt man Wurmkompost bei Neupflanzungen mit ins Pflanzloch. Hier kommt vor allem die Läuse vertreibende Eigenschaft des Wurmkompostes zum Tragen. Rosen, Dahlien, Petunien, alle verstärken ihre Außenhaut mit den vom Wurmkompost gelieferten Kieselsäureanteilen und sind so widerstandsfähiger gegen jeglichen Befall von saugenden Schadinsekten. Versorgt man eine schon mit Läusen befallene Pflanze – hierauf sprechen vor allem Rosen sehr stark an – dann ziehen nach 2 bis 3 Wochen die Läuse ab.

Verschiedene Möglichkeiten

Man kann Wurmkompost auch in reiner Form benutzen, um Tomatenpflanzen oder Salatschößlinge darin anzupflanzen. Wurmerde zu 10% mit normaler Gartenerde vermischt stellt eine gute Saaterde für das Frühbeet.

Der Balkongärtner, der seinen Wurmkompost aus der Wurmkiste gewinnt, düngt die Topfpflanzen je nach Größe mit 1 bis 3 Eßlöffeln pro Monat oder mischt für das Umtopfen im Frühjahr eine Topferde aus 1 Teil Wurmkompost und 9 Teilen normaler Blumenerde.

Jungwürmer ernähren

Um die in den verabreichten Wurmkompostgaben schlüpfenden Jungwürmer nicht auf Beeten und Rabatten verhungern zu lasssen, sollte man alle 3 bis 4 Wochen geeignetes Mulchmaterial, z. B. angetrockneten Grasschnitt, zwischen den Reihen und um die Kulturpflanzen herum ganz dünn ausstreuen. Ganz dünn deshalb, weil sonst die Schnecken darunter auch noch bei Tage Vermehrung betreiben. Dieses Wurmfutter auf der Fläche wirkt gleichzeitig wie ein Herbizid gegen zweikeimblättrige Unkräuter. Darunter fallen geradezu fast alle unerwünschten Konkurrenzpflanzen.

Experimentieren

Es sei jedem Gärtner geraten, möglichst viel auszuprobieren und das, was sich bewährt hat, zu verfeinern und regelmäßig anzuwenden. Jede Pflanze unterscheidet sich von der anderen, steht auf einem anderen Boden, lebt in einer anderen Umgebung und reagiert daher auch ganz verschieden auf Eingriffe von Seiten des Gärtners. Hier gilt es eigene Erfahrungen zu machen.

Der Wurmmarkt

Einen florierenden Wurmmarkt wie in Amerika, wo es Regenwurmzüchter gibt, die zum Teil 10 Mio. und mehr Würmer pro Tag produzieren, gibt es bei uns noch nicht. In Amerika ist es vor allem der Markt für Angelköder, der dieser Industrie – nach einer Erhebung des amerikanischen Nachrichtenmagazins Newsweek – 1976 einen Umsatz von etwa 50 Mio. Dollar (etwa 130 Mio. DM) beschert hat. Etwa 90 000 Amerikaner züchten und verkaufen Regenwürmer.

Bundesrepublik Deutschland

Bei uns in Deutschland fehlt ein Angelködermarkt völlig, so daß man sich gleich daranmachte, mit Hilfe der Würmer Wurmhumus als Bodenverbesserungsmittel und Dünger herzustellen.

Wurmhumus statt Wurmzucht

Ein Unternehmen ist hier zu nennen, das Wurmhumus mit Hilfe modernster Technik in großem Stil produziert. In überdachten und temperierten Hallen verzehren Hunderttausende Kompostwürmer ihr Leibgericht: vorkompostierten Rinderdung.

Durch subtil gesteuerte Temperaturschwankungen werden die Mistwürmer genötigt, ein bestimmtes fertig umgesetztes Mistsegment zu verlassen und ein neues in Angriff zu nehmen. Die nun wurmfreien, schwarzen Verdauungsprodukte von *Eisenia foetida* werden schonend getrocknet, gesiebt, entsprechend verpackt und zum Verkauf angeboten.

Die große Mehrzahl der deutschen Züchter – man schätzt ihre Zahl auf 50 bis 80 – arbeitet jedoch mit mechanischen Verfahren, bei denen die Tiere durch sogenannte Trommelseparatoren, mittels Licht oder ganz einfach mit Hilfe der in diesem Buch beschriebenen Abfütter- und Siebverfahren vom Humus getrennt werden.

Vorsicht vor falschen Versprechungen!

Aber wie in Amerika machen auch bei uns die Geschäftsleute den Gewinn, die Lizenzen an »Wurm-Unterzüchter« vergeben, die Erstausstattung mit Würmern liefern und das benötigte Know-How verkaufen. Es werden Gebietsschutz offeriert, Abnahmegarantien für den produzierten Wurmhumus gegeben und die Absatzmöglichkeiten der Würmer in den schillerndsten Farben beschrieben.

Hat man erst einmal teures Geld für Würmer und häufig biologisch unsinnige, banale Zuchtanleitungen hingeblättert und möchte man später die versprochenen Garantien in Anspruch nehmen, gibt es Schwierigkeiten. Plötzlich entspricht die Qualität nicht mehr den von der Firma im Vertrag festgesetzten Kriterien, man erfährt, daß der Markt für Angelköder im Moment übersättigt sei und überschüssige Würmer nicht abgenommen werden können. Kurzum, der Kleingärtner, der vielleicht noch geglaubt hat, etwas zum Umweltschutz beizutragen, sieht sich allein gelassen, merkt sehr schnell, daß *Eisenia* nicht zu Unrecht den Beinamen foetida = stinkend erhalten hat. Kein Angler will den

Kompostwurm haben, weil er auf den Haken gesteckt eine unangenehm riechende Substanz ausscheidet. Auch der Verkauf des Wurmkompostes dürfte den finanziellen Spielraum eines geprellten »Lizenznehmers« überfordern. Gilt es doch das Produkt erst zu verarbeiten, zu verpacken und auch noch dafür zu werben.

Wurmzuchtverbände

Seriöse Wurmzüchter gibt es durchaus. Sie haben sich im »Förderverband zur Nutzbarmachung von Wurmkulturen« zusammengeschlossen, dessen Vorsitz Dipl.-Ing. agr. H.-G. Starck innehat, der eng mit dem Umweltbundesamt zusammenarbeitet. Die Vermarktung von Wurmhumus und die Förderung der Wurmzuchtkultur hat sich auch der im Frühjahr 1985 gegründete »1. Internationale Umweltschutzverband der Humuswurmzüchter e.V.« zur Aufgabe gemacht. Dessen Vorsitzender, Theo Tacke, hat etliche Jahre mit Prof. Otto Graff zusammengearbeitet, dem Regenwurm-Pionier in Deutschland, auf dessen Fütterungs- und Freilandversuche Anfang der 70er Jahre die deutsche Wurmindustrie fußt.

Die erste Aufgabe dieser Verbände dürfte es sein, das geschädigte Renommée der seriösen Wurmnutzer wiederherzustellen, indem man die schwarzen Schafe der Branche aussortiert. Danach müssen einheitliche Qualitätskriterien für Wurmhumus festgelegt werden und Kontrollmöglichkeiten durch unabhängige Institute gewährleistet werden. Gespräche mit dem Umweltbundesamt haben schon erste Ergebnisse gebracht. Als nächstes müßte ein gemeinsames Marketing gefunden werden, ähnliche Werbung betrieben werden, wie es z.B. für die Rindensubstrate in den letzten Jahren durchgeführt wurde.

Denn Zukunft hat die Wurmkompostproduktion genauso wie die wirtschaftliche Ausbeutung der Würmer selbst (s. Bezugsquellen, Seite 122).

Zukunftsaussichten

Regenwürmer als Futter

Regenwürmer, das wissen nicht nur Amsel, Igel und Maulwurf, sind sehr nahrhaft. Regenwurmmehl besteht zu 60 bis 70% aus Protein, 7 bis 10% Fett, 8 bis 20% Kohlehydrate, 2 bis 3% Mineralen und einer großen Anzahl wichtiger Vitamine und essentieller Aminosäuren. Es ist nahrhafter als Fischmehl und in dem Maße, wie sich diese Tierfutter verteuern, wird der Regenwurm als Tiernahrung interessant.

Abfallbeseitigung durch Würmer

Abfallbeseitigung, nach dem Waldsterben Umweltthema Nr. 2 in der Bundesrepublik, ist ein Gebiet, auf dem der Kompostwurm zu Hause ist. Zum einen kann jedermann seinen organischen Müll mit Hilfe der in diesem Buch beschriebenen Methoden verwerten, zum anderen wird in dem Maße, wie in unserem Land die getrennte Müllentsorgung voranschreitet und Kompostwerke zur Verwertung des organischen Naßmülls entstehen, die Bedeutung und der Bedarf an Würmern, die die Abfälle zersetzen helfen, zunehmen. Ein Beispiel stellt der niedersächsische Landkreis Diepholz dar, wo verrottbare und unverrottbare Substanz getrennt gesammelt werden, Regenwürmer in einem Kompostwerk die organische Masse zersetzen helfen und gleichzeitig noch als Biofilter für unangenehme Gerüche fungieren. Ein perfektes Recycling: Dreck aus der Mülltonne wird zu Erde für den Garten!

Die auf Seite 94 beschriebene Möglichkeit, Kaninchendung mit Hilfe der Würmer zu kompostieren, hat das Sozialwerk Weilheim/Schongau weiterentwickelt und will eine Kaninchen-Wurm-Huhn-Nahrungskette in Tunesien aufbauen. Auf einer Musterfarm sollen Angorakaninchen gezüchtet werden, in deren Dung Würmer vermehrt und später Hühnern als Futter angeboten werden. Den gewonnenen Humus kann man zur Fruchtbarmachung der Wüste benutzen.

Das »Gülle-Problem«

Ebenso wie man die kommunalen Abfälle mit Hilfe der Regenwürmer kompostieren will, ist man seit neuestem auch bemüht, den Regenwurm zur Lösung der Gülleprobleme in den Gebieten mit intensiver Tierhaltung in Süd-Oldenburg einzusetzen.

Gülle wird angedickt, mit Stroh vermischt und den Würmern zum Fraß vorgeworfen. Sollte dieser Versuch positiv verlaufen, wäre eines der größten Probleme der Landwirtschaft gelöst. Gülle wird bis heute mangels Lagermöglichkeiten in viel zu großen Mengen und zur falschen Zeit ausgebracht. Damit werden Grundwasser und Boden geschädigt.

Bodensanierung

Regenwürmer können aber nicht nur aus Mist, Industrie- und Hausmüll wertvollen Humus gewinnen. Sie sind auch in der Lage, aus nackten, kahlen Ab-

In Bio-Deponien werden organische Abfälle einem Recycling zugeführt. Wichtigster Helfer bei der Kompostierung ist wieder der Kompostwurm.

raumhalden in Kohlerevieren wieder blühende Flächen zu machen. Nach 3 Jahren tummeln sich schon erste Würmer in den Halden, nach 6 Jahren findet man schon 3 Arten und erste Sträucher siedeln sich an.

Nach 10 Jahren und dem Zuzug weiterer Regenwurmarten ist eine stabile Humusproduktion gewährleistet und nach spätestens 13 bis 15 Jahren, wenn auch *Lumbricus terrestris* anzutreffen ist, kann man auf eine gefestigte Bodenstruktur schließen.

Die Möglichkeit, neu gewonnenes Land mit Hilfe der Regenwürmer fruchtbarer zu machen, wie z. B. auf holländischen Polderflächen, wurde schon erwähnt (s. Seite 49).

Ähnliche Versuche in Erzminen oder auf Industriegelände Nordamerikas beweisen, daß bestimmte Regenwurmarten als Pioniere zur Bodensanierung schlechter Böden eingesetzt werden können.

Klärschlammaufbereitung

Diskutiert wird auch die Klärschlammaufbereitung durch Kompostwürmer. Nur steht der wirtschaftlichen Durchführung dieser Idee die hohe Belastung des Klärschlamms durch Schadstoffe und deren Anreicherung im Wurmkörper, besonders der Schwermetalle, im Weg.
Nach den heutigen Bestimmungen müßten solchermaßen gefütterte Tiere als Sondermüll deklariert und entsprechend entsorgt werden. Auf keinen Fall könnte man sie als Tierfutter weiterverwerten.

Waldsterben

Ein ganz neuer und wenig Anlaß zu Optimismus bietender Aspekt des Einsatzes von Regenwürmer, ist ihre Verwendung im Kampf gegen das Waldsterben. Im schwergeschädigten Hamburger Forst Klövensteen wurden nach vorheriger Kalkung etwa 3 m³ mit Regenwürmern der Art *Lumbricus rubellus* (Laubwurm) angereicherter Kompost ausgestreut. Ihre Wirkung, die zuvor in anderen Waldversuchsparzellen getestet wurde, wird so beschrieben:

»Sie bringen den aufgestreuten Kalk in tiefere Bodenschichten, sie durchmischen den Boden, und sie wirken als wichtiges Glied in der Kette der vielen Bodenlebewesen bei der Humusbildung mit und bringen damit Nährstoffe an die Baumwurzeln.«

Dem könnte noch hinzugefügt werden, daß durch die Bildung der Ton-Humus-Komplexe in den stabilen Krümeln

Unten links: Erfassung des Regenwurmbestandes mit Hilfe der Formalin-Methode von Raw (s. Text Seite 119).

Seite 119: Bei der Erfassung des Wurmbestandes mit Hilfe der Formalin-Methode wird mit dem Rahmen eine 1 m² große Fläche abgesteckt.

auch die Schadstoffe aus der Luft und dem Regen verstärkt festgehalten und der Aufnahme durch die Baumwurzeln entzogen werden. An dieser Stelle wäre auch zu überlegen, ob nicht schon das Ausbringen von Wurmkompost alleine fördernd auf die Baumgesundung wirken könnte.

Humusproduktion

Die Humusproduktion aus allen nur erdenklichen organischen Abfällen und Reststoffen ist angesichts des weltweiten Raubbaus an der Ackerkrume – allein in Deutschland werden jährlich etwa 114 ha wertvollsten Bodens zubetoniert – die wichtigste und auch gewinnträchtigste Aufgabe der Regenwürmer.

Eine alte französische Bauernweisheit besagt: »Le Bon Dieu, der liebe Gott allein weiß, wie man fruchtbare Böden macht. Und er hat dieses Geheimnis den Regenwürmern anvertraut!« Die Zukunft der Menschheit liegt in der Zukunft unserer Regenwürmer.

Wenn wir die Glosse der englischen Zeitschrift »punch« aus dem Jahre 1881, mit der sie das Erscheinen von Charles Darwin's Buch über den Regenwurm kommentierte, ernst nehmen, nämlich daß der Mensch nur ein Wurm sei (»Man is but a worm«), ist es dann nicht an der Zeit, unserem »Bruder Regenwurm« mehr Respekt entgegenzubringen? Wir haben ihn zu lange mit Füßen getreten, eigentlich müßten wir ihn auf Händen tragen!

Fangen und Aufbewahren von Regenwürmern

Es gibt verschiedene Methoden, die Regenwürmer eines Standortes zu erfassen. Dabei muß man beachten, daß nicht jede Methode auch alle Wurmarten erfaßt und daß zu verschiedenen Jahreszeiten, je nach Aktivitätsphase der Regenwürmer, auch unterschiedliche Häufigkeiten ermittelt werden.

Erfassungsmethoden

Will man einen genaueren Überblick über den tatsächlichen Wurmbestand erhalten, empfiehlt es sich, mehrere Methoden nebeneinander anzuwenden und mehrere Stichproben über einen längeren Zeitraum – mindestens aber 2 Jahre – zu machen.

Ausgraben und Absammeln von Hand

Man sticht aus einer Fläche von 50×50 oder 50×100 cm den Boden etwa 20 cm tief mit einem Spaten aus, wirft ihn auf eine Matte oder Plastikfolie und zerbröckelt ihn. Die gefundenen Tiere werden gezählt und wieder ausgesetzt, wobei – sofern man will – von jeder Art ein Exemplar zur näheren Bestimmung in einem Sammelglas aufbewahrt wird. Tiefgrabende Arten, z. B. der Tauwurm *Lumbricus terrestris*, sind mit dieser Methode kaum zu erhalten, da sie sich, durch die Bodenerschütterungen gewarnt, in tiefere Schichten zurückziehen.

Chemische Methoden

Bewährt hat sich die Formalin-Methode von Raw (1959). Mit einem Rahmen wird eine 1 m² große Fläche abgesteckt und etwaiger Bewuchs dicht am Boden abgeschnitten, damit sich die ausgetriebenen Würmer nicht verstecken können. Dann gießt man mit der Gießkanne 10 l einer 0,2%igen Formalin-Lösung über das Areal. In den folgenden 10 Minuten werden alle an die Oberfläche kommenden Tiere abgesammelt und nochmals 10 l der Lösung aufgebracht. Wieder wird während der anschließenden 10 Minuten gesammelt.

Ähnliche Wirkung hat die gleiche Menge Kaliumpermanganat-Lösung (16 g/10 l Wasser). Kaliumpermanganat tötet aber zum Teil die Würmer ab, bevor sie überhaupt an die Oberfläche gelangt sind.

Elektrische Methode

Das Austreiben der Würmer mit elektrischem Strom ist für Abundanzbestimmungen ungeeignet, da sich das elektrische Feld, das sich durch das Einstoßen

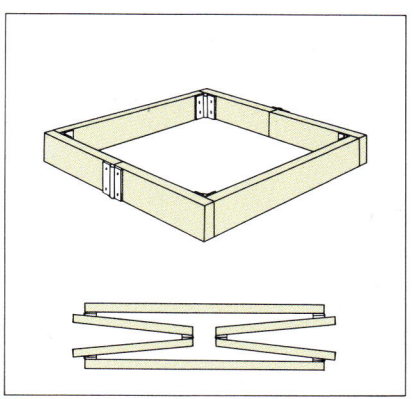

in den Boden aufbaut und dem die Regenwürmer zu entkommen versuchen, nur schwer abgrenzen läßt. Sie ist am ehesten geeignet, um Köderwürmer zu sammeln und wird in Amerika auch sehr häufig zu diesem Zweck eingesetzt. Da es dabei auch schon zu tödlichen Unfällen gekommen ist, sollten wir diese Methode auch weiterhin den amerikanischen Profis überlassen.

Spezielle Fangmethode für den Tauwurm *(Lumbricus terrestris)*

Dabei geht man vor wie passionierte Angler oder wie die professionellen »worm-picker« in Amerika. Man sammelt nachts auf einer feuchten Wiese. Während der vorangegangenen Tage sollte es etwas geregnet haben und die Temperatur um etwa 10 °C betragen. Man bewaffne sich mit einer Taschenlampe, über die rotes Cellophan oder Plastik gespannt ist, befestige einen Behälter halb mit feuchter Erde gefüllt am Hosengürtel und schleiche vorsichtig und ruhig unter Vermeidung heftiger Bodenerschütterungen über die Wiese. Wenn man einen Tauwurm aus seiner Wohnröhre schauen sieht, so packt man ihn vorsichtig aber beherzt nahe der Bodenoberfläche. Falls er sich mit dem Hinterende in seiner Röhre verankern sollte, so warte man einen kurzen Augenblick, bis die wellenartige Muskelbewegung wieder zum Vorderende zurückläuft. In diesem Moment verliert der Wurm für kurze Zeit den Halt und er kann, ohne Schaden zu erleiden, aus der Röhre gezogen werden. Mit etwas Glück wird man während einer Nacht – am besten in der Zeit zwischen 22 Uhr und 5 Uhr – mehrere hundert Regenwürmer sammeln.

Aufbewahrung

Lebende Würmer kann man in allen möglichen Behältern (z. B. Ton- oder Plastikblumentöpfe) aufbewahren, die mit Erde - am besten vom Fundort - gefüllt sind. Für ein Tier mit 1 g Gewicht nimmt man etwa 50 cm^3 feuchten Boden. Die Behälter sind kühl, im Sommer bei 8 bis 12 °C, im Winter bei 4 bis 8 °C aufzubewahren. Der Boden muß spätestens nach 14 Tagen erneuert werden. Es empfiehlt sich auch, die Behälter abzudecken bzw. eine Lichtquelle darüber zu installieren, damit die Würmer nicht ausreißen.

Für eine kürzere Aufbewahrung eignet sich auch kaltes Wasser (unter 10 °C). Der Behälter darf aber nur bis zu $\frac{1}{5}$ des Volumens gefüllt sein, damit genügend Sauerstoff in die Lösung gehen kann. Auch hier einen dicht schließenden Deckel nicht vergessen, weil die Tiere gern am Behälter hochkriechen. Regenwürmer, die als Angelköder verwendet werden sollen, kann man auch gut in ausgestochenen Rasenstücken, die man mit der Grasseite aufeinandergelegt, verwahren. Das verfaulende Gras versorgt die Tiere eine Zeitlang mit Nahrung.

Tote Regenwürmer für Unterrichts- oder wissenschaftlichen Zwecke verwahrt man in 5 %iger Formalin-Lösung bzw. in 70 %igem vergälltem Alkohol mit 4 % Formalin. Gegenüber nur 70 %igem Alkohol, der früher viel verwendet wurde, hat dies den Vorteil, daß die Pigmen-

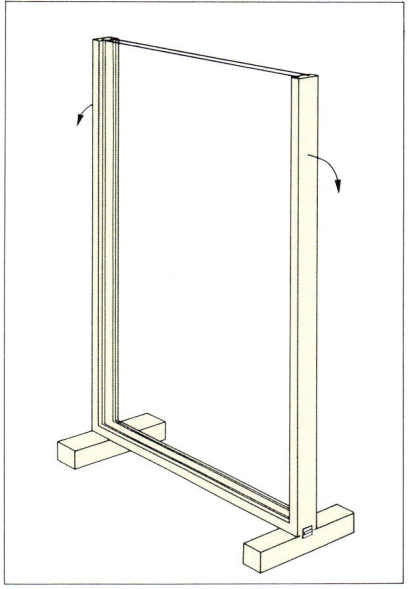

Mit Hilfe des Demonstrationsrahmens kann die Tätigkeit der Regenwürmer genau beobachtet werden.

tierung besser erhalten bleibt und der Wurmkörper nicht weich wird. Tötet man Würmer mit mäßig heißem Wasser (50 °C), dann verkrampfen sie sich weniger und behalten ein natürlicheres Aussehen, als wenn man sie direkt mit Formalin-Lösung behandelt.

Demonstrationsrahmen zur Beobachtung

Dipl.-Ing. agr. H.-G. Starck entwickelte speziell für Schüler der 5. bis 7. Klassen einen Demonstrations-Rahmen, um das Verhalten und die Wirkung von Würmern im Krumenbereich sichtbar zu machen. Mit freundlicher Genehmigung des Erbauers seine Beschreibung:

»Die von mir gewählten Größenmaße betragen für das reine Sichtfeld 25 × 40 cm. Der Innenabstand von einer zur anderen Glasscheibe beträgt 8 bis 9 mm. Dieser Innenraum des Demo-Rahmens ist mit $^3/_4$ Liter Lehm gefüllt. Darüber liegt eine Schicht von 8 bis 10 cm humosen Gartenbodens. Der dann noch verbleibende Leerraum nimmt das Futter auf: trockener Kaffeesatz, kleingewürfelte Apfelstückchen, Zitrusfruchtschalen (Vorsicht Pflanzenbehandlungsmittel-Rückstände!) kleingeschnittene Wurstpellen vom Naturdarm u. a. Gelegentlich wird etwas Wasser in die Rinne gegossen. Der Überfluß kann durch die offen gebliebenen Fräßrillen des Basisteils des Rahmens abfließen.

Besetzt ist dieser Schaurahmen mit 65 Kompostwürmern der Art *Eisenia foetida*. Die Würmer können bei extensiver Pflege (füttern und wässern) länger als ein Jahr lebendig gehalten werden. Aufbewahrungstemperaturen sollten über 15 °C, höchstens jedoch 25 °C betragen.

Ist das im Lehmbereich angelegte Bohrungsnetzwerk nur noch als dunkle Erdschicht wahrnehmbar, wird die Stabilisierungslatte am oberen Ende der 2 senkrechten Rahmenhölzer gelöst, die Rahmenhölzer werden vorsichtig zur Seite gelegt (Scharniere), die beiden Scheiben löst man mit Hilfe von Wasser von der Erde. Die darin enthaltenen Kompostwürmer können für die nächste Füllung wieder verwendet oder im Schulgarten ausgesetzt werden.«

Den kompletten Rahmen mit Biomasse oder auch den Bausatz ohne Würmer kann man über H.-G. Starck beziehen (s. Bezugsquellen, Seite 122). Weitere einfache Demonstrations- und Feldversuche zum Verhalten der Würmer und zu ihrer Wirkung im Boden teilt der Autor auf Anfrage gerne mit.

Literaturverzeichnis

Akademie für Naturschutz und Landschaftspflege (ANL): Informationen 3 – Naturschutz im Garten. ANL, Laufen/Salzach

Appelhof, M.: Kompostierung des täglichen Hausabfalls mit Regenwürmern. Garten organisch, 3–4, 1981.

Bauchhenß, J.: Artenspektrum, Biomasse, Diversität und Umsatzleistung von Lumbriciden (Regenwürmer) auf unterschiedlich bewirtschafteten Grünlandflächen verschiedener Standorte Bayerns. Bayrisches Landwirtschaftliches Jahrbuch 59, 1, 1982.

Barrett, T. J.: Harnessing the Earthworm. Wedgwood Press, Boston 1947.

Bächthold-Stäubli, H.: Handwörterbuch des deutschen Aberglaubens. De Gruyter, Berlin und Leipzig 1927 – 1942.

Bechmann, A., Michelsen, G.: Global Future – Es ist Zeit zu Handeln. Öko-Institut, Dreisam Verlag, Freiburg 1981.

Bockemühl, J.: Vom Leben des Komposthaufens. Philosophisch–Antroposophischer Verlag, 1979.

Bölsche, J. (Hrsg.): Was die Erde befällt…. Spiegel-Buch 56, Rowohlt, 1984.

Bouché, M. B.: Lombriciens de la France. Inst. Nat. Rech. Agr., Paris 1972.

Bouché, M. B.: Le rôle des Lombriciens. In: Ecosystème Prairial. Acta Oecologica 3, 1982.

Brandjes, P.: Wormenmest, Een goede Organische Meststof. Vakblad voor de Bloemisterij, 39, 3, 37, 1984.

Brauns, A.: Praktische Bodenbiologie. Verlag Gustav Fischer, Stuttgart 1968.

Breschke, J.: Der Garten ohne Gift. Delphin Verlag, 1983.

Brown, A. L.: Ecology of Soil Organisms. Heinemann, London 1978.

Brucker, G., Kalusche, D.: Bodenbiologisches Praktikum. Quelle & Meyer, Heidelberg 1976.

Brüsewitz, G.: Untersuchungen über den Einfluß des Regenwurms auf Zahl, Art und Leistungen von Mikroorganismen im Boden. Arch. Mikrobiol. 33, 52–82, 1959.

Burges, A., Raw, F.: Soil Biology. Academic Press, 1967.

Carson, R.: Der stumme Frühling. dtv, München 1968.

Darwin, C.: Die Bildung der Ackererde durch die Tätigkeit der Würmer. März Verlag, 1983.

Ditfurth, H. von: So laßt uns denn ein Apfelbäumchen pflanzen. Es ist soweit. Rasch und Röhring, Hamburg 1985.

Dunger, W.: Tiere im Boden. Die neue Brehm-Bücherei, Verlag A. Ziemsen. Wittenberg 1964.

Edwards, C. A.: Earthworms, Organic Waste and Food. »Span«, Vol. 26, No. 3, 1983.

Edwards, C. A., Lofty, J. R.: Biology of Earthworms. Chapman & Hall, 1977.

Finck, A.: Ökologische und bodenkundliche Studien über die Leistungen der Regenwürmer für die Bodenfruchtbarkeit. Z. Pflanzenern. Düng. u. Bodenkde. 58, 1952.

Fleckenstein, J., Graff, O.: Schwermetallaufnahme aus Müllkompost durch den Regenwurm *Eisenia foetida*. Landbauforsch. Völkenrode 32, 1982.

Francé, R. H.: Das Leben im Boden. Das Edaphon. Edition Siebeneicher, Volkswirtschaftlicher Verlag, München 1981.

Frank, R., Klauck, C., Stonefield, K. I.: Metal transfer in vermicomposting of sewage sludge and plant wastes. Bulletin of Environmental Contamination and Toxicology, 31, 1983.

Franz, H.: Die Bodenfauna der Erde in biozönotischer Betrachtung. Erdwissenschaftliche Forschung, Band 10, 1975.

Franz, H.: Der Einfluß verschiedener Düngungsmaßnahmen auf die Bodenfauna. Angw. Pfl.-Soziologie, Heft 11, 1953

Franz H.: Bodenzoologie als Grundlage der Bodenpflege. Akademie-Verlag, Berlin, 1950.

Frömmig, E.: Der Regenwurm als Versuchstier. Pharmaz. Z. 30, 1954.

Göbel, P.: Alles über Gartenböden. Franckh'sche Verlagshandlung, Stuttgart 1984.

Gottschall, R.: Kompostierung. Alternative Konzepte 45, Verlag C. F. Müller, Karlsruhe 1984.

Graff, O.: Unsere Regenwürmer. Verlag M. & H. Schaper, Hannover 1983.

Graff, O.: Wechselbeziehungen zwischen Regenwurmtätigkeit und Pflanze. In: Tüxen, R. (Hrsg.): Vegetation und Fauna. Verlag Cramer, Vaduz 1977.

Graff, O.: Physiologische Rassen bei *Eisenia foetida*? Ein Beitrag zur Frage der Domestifikation dieser Art. Rev. Ecol. Biol. Sol. 15, 1978.

Gröne-Gultzow, J.: Wie verhält sich der Regenwurm zu biologisch gedüngtem Boden? Gäa Sophia, Band 4, Landwirtschaft, Dornach 1929.

Gruhl, H.: Ein Planet wird geplündert. Fischer Verlag, Frankfurt 1975.

Hartenstein, F., Hartenstein, E., Hartenstein, R.: Gut load and transit time in the Earthworm *Eisenia foetida*. Pedobiologia 22, 1981.

Hartenstein, R.: Production of Earthworms as a potentially economical source of protein. Biotechnology and Bioengineering 23, 1981.

Haynes, R. J.: Effects of soil management practices on soil physical properties, earthworm population and tree root distribution in a commercial apple orchard. Soil & Tillage Research 1, 1980.

Heck, I.: Der erste Schritt zum giftfreien Garten. Hrsg. Theo Tacke, Borken, o.J.

Hennig, E.: Der Mutterboden – Sitz des Lebens. Selbstverlag 1980

Hennig, E.: Regenwürmer, Wurzel und Boden. Verlag T. Marczell, München 1981

Hennig, E.: Humus, Stickstoff, Urgesteinsmehl. Verlag T. Marczell, München 1981

Hennig, E.: Die Bodenfruchtbarkeit im Kleingarten. Verlag T. Marczell, München o.J.

Heyer, G. von: Der Regenwurm – Dein Freund und Helfer. Eigenverlag, Hamburg 1974

Heyer, G. von: Die drei Säulen der Dauerfruchtbarkeit. Eigenverlag, Hamburg 1974

Heynitz, K. von: Kompost im Garten. Verlag Eugen Ulmer, Stuttgart 1983.

Heynitz, K. von, Merckens, G.: Das Biologische Gartenbuch. Eugen Ulmer Verlag, Stuttgart, 1983, 4. Aufl.

Hovorka, O., Kronfeld, A.: Vergleichende Volksmedizin. Strecker und Schröder, Stuttgart 1908.

Howard, Sir Albert: Mein Landwirtschaftliches Testament. Edition Siebeneicher, Volkswirtschaftlicher Verlag, München 1979.

Ingoes, G.: Sieh mal...ein Regenwurm. Aus dem Schwedischen, Verlag Bildung und Wissenschaft GmbH, 1975.

Jackson, R. M., Raw, F.: Life in the Soil. Arnold, London 1966.

Kaegelmann, H., Wilms, P., Bartram, H.: Praktische Gebrauchsanleitung zur Humusproduktion und Kompostregenwurmzucht. Rentner-Aktiv-Club, Verlag zur Heilen Welt, 1984.

Kahnt, G.: Ackerbau ohne Pflug, Verlag Eugen Ulmer, Stuttgart 1976.

King, F. H.: 4000 Jahre Landbau in China, Korea u. Japan. Edition Siebeneicher Volkswirtschaftlicher Verlag, München 1984.

Koch, E. R., Vahrenholt, F.: Die Lage der Nation. GEO-Buch, Verlag Gruner + Jahr, Hamburg 1983.

Koenemann, E.: Biologische Düngung im Gemüsebau. Bionomica-Verlag, Mannheim 1983, 5. Aufl.

Koenemann, E.: Neuzeitliche Kompostbereitung. Bionomica-Verlag, Mannheim 1981.

Kreuter, M.-L.: Der Bio-Garten. BLV Verlagsgesellschaft, München 1983, 5. Aufl.

Kreuter, M.-L.: 1×1 des Bio-Gärtners. BLV Verlagsgesellschaft, München 1983.

Kreuter, M.-L.: Biologischer Pflanzenschutz. BLV Verlagsgesellschaft, München 1983.

Kühnelt, W.: Bodenbiologie. Herold, Wien 1950.

Lamparski, F., Zöttl, H. W.: Der Regenwurm *Lumbricus badensis* als bodenprägender Faktor im Süd-Schwarzwald. Mitt. D. Bodenkdl. Ges. 32, 1981.

Laverack, M. S.: The Physiology of Earthworms. Pergamon Press, London 1963.

Lieckfeld, C.-P.: Ein Geschäft, in dem der Wurm ist. Natur 5, 1985.

Mayer, P., Seufert, M.: Rettet den Boden. Stern-Report, Verlag Gruner + Jahr, Hamburg 1985.

Meinhardt, U.: Dauerhafte Markierung von Regenwürmern durch ihre Lebendfärbung. Nachr. bl. Deut. Pfl.-Schutzd. 28, 1976.

Meinhardt, U.: Der unbekannte Regenwurm. Kosmos 12, 1982.

Metzner, H., Ottow, J. C. G.: Ökologie und ihre biologischen Grundlagen. Die Biosphäre. Fernlehrgang Ökologie der Universität Tübingen, Heft 1, 1984.

Meyer, L.: Ton-Humus-Komplexe als Träger der Bodenfruchtbarkeit und als Bodenverbesserungsmittel. Forschungsdienst 11, 1941.

Minnich, J.: The Earthworm Book. Rodale Press, Emmaus 1972.

Neumann, G.: Vergleich des Regenwurmbestandes in unberieselten und mit Abwasser berieselten Böden in der Freiburger Bucht. Ber. Naturf. Ges. Freiburg i. Br. 50, 1960.

Nukada, S., Tanaka, B.: Über die antipyretischen Wirkungen des Regenwurms und dessen wirksame Bestandteile. Mitt. Med. Fak. Kais. Univ. Tokio 14, 1915.

Oliver Sheffield, G.: Our Friend, the Earthworm. Rodale Press, Emmaus 1937.

Parlamenti, R.: Guida all'allevamento redditizio del Lombrico. Edizioni Omega, Milano 1983.

Pauly, M.: Der Regenwurm. In: Edwin Stanton Faust: Die tierischen Gifte, 1906.

Pop, V.: Zur Phyllogenie und Systematik der Lumbriciden. Zool. Jahrbuch, Nr. 74, 1940.

Preuschen, G.: Kontrolle der Bodenfruchtbarkeit – Anleitung zur Spatendiagnose. IFOAM Sondernummer 2, Stiftung ökologischer Landbau, Kaiserslautern 1985, 3. Aufl.

Preuschen, G.: Der ökologische Weinbau. Alternative Konzepte 32, Verlag C. F. Müller, Karlsruhe 1979

Rainer, R.: Die Welt als Garten-China. Akademische Druck- und Verlagsanstalt, Graz 1976.

Ramann, E.: Regenwürmer und Kleintiere im deutschen Waldboden. Int. Mitt. für Bodenkde. 1, 1911.

Rid, H.: Das Buch vom Boden. Verlag Eugen Ulmer, Stuttgart 1984.

Rid, H.: Bodendiagnose mit Spaten und Bohrstock. Z. Pfl.-bau u. Pfl.-schutz 5, 1954.

Rodale, R.: The complete Book of Composting. Rodale Press, Emmaus 1960.

Rodale, R. (Hrsg.): The Challenge of Earthworm Research. Rodale Press, Emmaus 1961.

Rücker, K.: Humus – mit oder ohne Wurm? Gartenpraxis 7, 1985.

Rusch, H. P.: Bodenfruchtbarkeit, eine Studie biologischen Denkens. Verlag K. F. Haug, Heidelberg 1978.

Satchell, J. E. (Hrsg.): Earthworm Ecology – From Darwin to Vermiculture. Chapmann & Hall, 1983.

Scheffer, F., Schachtschabel, P.: Lehrbuch der Bodenkunde. F. Enke Verlag, Stuttgart 1982, 11. Aufl.

Schlichting, E., Blume, H. F.: Bodenkundliches Praktikum. Verlag Paul Parey, Hamburg 1966.

Schürmann, Alfred M.W.: Mulle, der Kanalarbeiter – Erlebte Natur: Der Maulwurf. Kosmos 6, 1984.

Schruft, G., Ulshöfer, W., Wegner, G.: Faunistisch-ökologische Untersuchungen von Regenwürmern (Lumbricidae) in Rebanlagen. Die Weinwissenschaft 1, 1982.

Seifert, A.: Gärtnern, Ackern – ohne Gift. Biederstein Verlag, München 1980.

Shields, E. B.: Raising Earthworms for Profit. Shields Publications, Elgins/Illinois 1975.

Sekera, F.: Gesunder und kranker Boden. L. Stocker Verlag, Graz 1943

Snoek, H.: Biologisch richtig düngen. Südwest Verlag, München 1984.

Snoek, H., Wülfrath, H.: Das Buch vom Steinmehl. Pietsch Verlag, Stuttgart 1983.

Spohn, E.: Selber kompostieren für Garten und Feld. Schnitzer Verlag St. Georgen/Schwarzwald, o. J.

Thies, H.: Anlage einer Wurmzucht. Gartenrundbrief 78, 1972.

Tischler, W.: Agrarökologie, Verlag Fischer, Jena 1965.

Topp, W.: Biologie der Bodenorganismen. UTB 1101, 1981.

Trolldenier, G.: Bodenbiologie. Franckh'sche Verlagshandlung, Stuttgart 1971.

Vester, F.: Neuland des Denkens. dtv – Sachbuch Nr. 10220, 1984.

Walker, N.: Soil – Microbiology. Butterworth, London 1975.

Witt, R.: Ein reger Wurm. Natur 5, 1985.

Wolff, Peter F. C.: Der gesunde Gartenboden. BLV Verlagsgesellschaft, München 1982.

Wilcke, D. E.: Zur »Domestikation« des ›Soilution Earthworm‹. Anz. Schädlingskde. 25, 1952.

Wilcke, D. E.: Untersuchungen über die Einwirkung von Stallmist und Mineraldüngung auf den Besatz und die Leistungen der Regenwürmer im Akkerboden. Monogr. z. Angew. Entomologie 18, 1962.

Wilcke, D. E.: Oligochaeta. In: Die Tierwelt Mitteleuropas. Quelle und Meyer, Leipzig 1968.

Ziegelasch, H. H.: Der unbekannte Regenwurm. Vermikultur-Verlag, Tuttlingen 1984.

Zimmermann, W.: Steine geben Brot. Verlag E. O. Cohrs, Rotenburg 1975.

Yagi, S.: Über Lumbricia, die hämolytische Substanz des Regenwurms. Arch. Int. de Pharmacodynamie et de Therapie, Vol. XXI, 1911.

Bezugsquellen

Wurmzuchtfirmen

(Verkauf von Kompostwürmern und/oder fertigem Wurmhumus, Anleitungen zur Wurmvermehrung)
Ebner, Benno, Kaldenberger Weg 24, 4020 Mettmann
EISENIA GmbH & Co., Kapellenstr. 25, 6200 Wiesbaden
GRÜNBERGER-Vermihum, D. Schäfer, Mühlenweg 17, 6310 Grünberg 1
Finsterwalder-Hof, REGOHUM, 8214 Hittenkirchen a. Ch.
Forestina Marketing und Vertriebs GmbH, BODENGOLD-Wurmhumus, Postfach 11 60, 7520 Bruchsal 1
Herwi-Recycling-GmbH, Röllfelder Str. 17, 8761 Röllbach (Wurmkomposter)
HUMORAL-Vertriebsgesellschaft, Landenberger & Co., Innere Dorfstrasse 12, 7461 Dormettingen
Humussaat Vertriebs-GmbH, Parkstr. 11, 6490 Schlüchtern-Ramholz
Mann-Sieben, 6501 Nieder-Olm
PITON-Deutschland GmbH, 2844 Lemförde
Saul Manfred, Pflanzen-Gold S'Edel-Humus, Edkovenerstr. 143, 5202 Hennef/Uckerath
Tacke Theo, SATA-Wurmhumus, Kotten am Klosterdiek, 4280 Borken-Burlo
Toka-Tönshoff KG, Wurmkultursubstrat, Aubergweg 26, 4330 Mülheim/Ruhr
Vermi-HUM GmbH, Zum Ebersberg 53, 3257 Springe 1
Wurmhunal, Wurm- und Humusfarm GmbH & Co., Postfach 26, 8885 Weisingen
Ziegelasch, H., VERMIKULTUR, Postfach 149, 7200 Tuttlingen 1

Private Wurmzüchter

(Verkauf von Kompostwürmern mit Anleitung)
Angst Oskar, Gryphiusweg 15, 6800 Mannheim-Schönau
Drumm A., Am Auerbach 9, 7516 Karlsbad
Erhardt, D., Frettholt 15, 4427 Legden-Asbeck
Götzelmann K., Alte Dorfstr. 1, 6457 Maintal 2
Kockskämper Rolf, Ruthstr. 24, 4300 Essen
Kompostkulturen Johannes Schmodde, Weserstr. 30, 4953 Petershagen-Windheim
Starck H.-G., Wurmvater, Rosenheimer Str. 27, 1000 Berlin 30 (Demonstrationsrahmen)
Wilms P., Rentner-Aktiv-Club, Altes Klösterchen, 5531 Stadtkyll
Wurmzucht Naroda, Ursprung 10, Forsthaus, 8452 Hirschau/Opf.

Ausländische Adressen

Ehret Peter, Schulhausstr. 18, CH-3052 Zollikofen
Hansche Karl, Gut Landsmannhof, A-9473 Lavamünd
Hosp Margarete, Viola Nr. 487, A-6822 Satteins
Romano Soli, Lombricocolture, Via Giardini 447, I-41100 Modena
VER'HUMUS, F-74000 Meythet
VITALBA, Via Lucca, I-50040 La Briglia – Florence
Il Lombrico, Fleming Hansen, Casella Postale 946, I-20101 Milano

Verbände

Förderverband zur Nutzbarmachung von Wurmkulturen e.V., Kapellenstr. 25, 6200 Wiesbaden (Vorstand: H.-G. Stark, Rosenheimer Str. 27, 1000 Berlin 30)
1. Internationaler Umweltschutzverband der Humuswurmzüchter e.V., Pariser Str. 90, 6501 Nieder-Olm (Vorstand: Theo Tacke, Borkener Str. 40, 4280 Borken-Burlo)

Weitere Informationsstellen

Umweltbundesamt, Fachgebiet III/21, Biologische Verfahren der Abfallbehandlung, Bismarckplatz 1, 1000 Berlin 33 (Hr. Blickwedel)
IFAB Institut für Angewandte Bodenbiologie GmbH, Fischers Allee 75, 2000 Hamburg 50 (Ulfert Graefe, Dipl.-Biologe)
Walter Buch, Dipl.-Biologe, Im Hausgarten 24, 7800 Freiburg-Opfingen

Bildquellen

Die Zeichnungen fertigte Claudia Hosslin, Therwil (Schweiz), nach Vorlagen des Verfassers.
Buch, W., Freiburg: Abb. Seite 8, 12, 15, 18, 19, 28, 30, 33, 34, 37, 42 (alle), 47, 50, 51, 57, 69, 72, 73, 74 (alle), 75, 79, 80 (alle), 84, 89 (alle), 97, 105 (alle), 107, 110 (alle), 117, 118.
Ernst, S.: Abb. Seite 94.
Howard, M., Chur (Schweiz): Abb. Seite 65 (oben).
Institut für Film und Bild, München: Abb. Seite 10 (alle).
Kühnemann, H., Geislingen: Abb. Seite 39.
Netzsch-Lehner, Nowack und Seibold, FWU-Bildreihe R 792: Abb. Seite 45.
Pfister, J. A., Backnang: Abb. Seite 65.
Reinhard, H., Heiligenkreuzsteinach-Eiterbach: Abb. Seite 2, 27 (unten), 64.
Rid, H., München: Abb. Seite 38.
roebild, Frankfurt: Umschlagfoto.
Schmid, O., Wermatswil (Schweiz): Abb. Seite 100.
Schwammberger, K., Oberstenfeld: Abb. Seite 21.
Steiner, H., Kornwestheim: Abb. Seite 56 (unten).
Vermicon, Altbessingen: Abb. Seite 27 (oben).
Wetterwald, M.-F., Offenburg: Abb. Seite 99.

Register

Aalwurm s. Tauwurm
Aberglauben 31
Abfallbeseitigung 116
Abfälle 14, 40, 73, 74, 79, 88, 90
Absammeln (Regenwürmer) 84, 85, 119
Allolobophora 19, 23, 25, 26, 38, 46, 49, 65, 69
Amseln 63
Angelköder 14, 24, 66, 86, 91, 114, 120
Antibiotika 45, 106
Arenicola 25

Besatzdichte 65, 71, 76, 84, 96, 98
Blattläuse 106
Bodenbearbeitung 9, 28*, 35, 52, 96, 100, 103, 105
Bodenbedeckung 30, 37*, 54, 55, 69, 97, 103, 105*
Bodenbildung 41, 96
Bodengesundheit 44
Bodenkrümel 35, 46
Bodenleben 9, 28*, 29, 33*, 35, 51, 57, 58, 60, 72, 103
Bodenstruktur 36, 41, 57, 60
Bodentemperatur 37, 69
Bodentypen 38
Borsten 13, 24
Brache 30, 54
Braunerde 38*

Clitellum 17, 18, 20, 25
C-N-Verhältnis 74, 75, 79

Darm 11, 16, 20, 42, 44, 47
Darwin 8, 23, 24, 32, 34, 41, 46, 118
Dauerhumus 8, 44, 45
Demonstrationsgefäß 42*
Dendrobaena 23, 25
Diapause 19, 20
Direktsaat 52
Düngung 9, 29, 33, 49, 51, 55, 56, 57, 58, 59, 60, 61, 98, 105

Eisenia 18, 19*, 25, 27*, 37, 65, 66, 68, 69*, 70*, 71, 73, 74, 76, 79, 82, 83, 86, 88, 92, 94, 105, 114, 121
Enterobacter 64
Eschericha 45
Eudrilus 27

Fangmethoden 70, 120
Feldwurm s. *Allolobophora*
Fortpflanzung 16, 37, 87
Fruchtwechsel 30
Fungizide 104
Futter 38, 71, 73, 74, 76, 83, 87, 97

Gare 31, 45, 49, 51*
Geschlechtsorgane 16
Gründüngung 70, 100*
Gürtelwurm 25

Hautatmung 12
Herbizide 52, 58, 104
Humus 32, 33, 46, 66, 68, 80*, 83, 92, 94*, 97

Indore-Verfahren 35, 77, 85, 87*
Insektizide 59, 104

Kalkdrüsen 15, 47, 98
Kalkung 36, 38, 57, 70
Klärschlamm 66, 117
Kokon 16*, 17, 18, 19*, 37, 38, 70, 71, 77, 84, 91, 104
Kompost 8, 35, 71, 74, 76, 77, 79, 82, 83, 84, 85
Kompostwurm s. *Eisenia*
Kothäufchen 15, 41, 42, 44, 45, 46, 47, 50, 62, 65, 71

Lebendverdauung 58
Losung s. Kothäufchen
Lumbricus 12*, 16*, 19, 23, 25, 26, 27, 32, 37, 40, 46, 65, 66, 69, 102, 105, 117, 119, 120

Massenwanderung 20
Maulwurf 14, 36, 63, 65, 73, 78, 97
Minerale 41
Mistwurm s. *Eisenia*
Mulch 8, 54, 69, 96, 97
Muskeln 11, 12

Nahrung 15, 37*, 40, 84
Nahrungskette 50, 58, 59, 60, 104, 108
Nematoden 65
Nervensystem 13

Oligochaeten 25

Parasiten 63, 65, 94
Pestizide 9, 49, 51, 52, 57*, 58, 59, 60, 61, 67, 104

Pflanzenmaterial 36, 40
Pflanzenschutz, integrierter 102, 105
Pflanzenschutzmittel 60, 67, 104, 105
Pheretima 27
Pheromone 24
Phosphatverbindungen 57, 59
pH-Wert 36, 38, 47, 49, 50, 57, 59, 96, 98, 106

Räuber (Feinde) 59, 63, 64*, 73, 78, 84, 104
Regeneration 20, 24
Regenwurmkulturen 31
Regenwurmspuren 21*
Ringelwürmer 11, 24, 25
Roter Kalifornier 27*, 68
Rotwurm 27

Salz 57, 58, 61
Sandwattwurm 25
Schleimstoffe 46, 57, 58, 107, 108
Schreckstoffe 24
Schwermetalle 50, 57, 58, 60, 67, 79, 107, 109
Sinnesorgane 13
Stallmist 92
Stickstoffversorgung 44
Sumpfwurm 27

Tauwurm 14, 15, 46*, 66, 105, 119
Tennessee-Wiggler 27*, 68
Ton-Humus-Komplexe 16, 45, 46, 50, 58, 59, 60, 83, 93, 106, 107, 108
Topferde 68, 84, 91, 113

UV-Strahlung 12, 85

Volksmedizin 31, 67

Waldsterben 36, 46, 49, 66, 117
Wandermiete 85, 86*
Wenigborster 25
Winterstarre 76
Wohnröhre 12, 15, 23, 38, 40, 46, 47
Wurmhumus 8, 45, 47, 50*, 76*, 82, 86, 87*, 94, 106, 111, 114, 115
Wurmkiste 87, 88*, 89*, 90, 91, 94, 95
Wurmmarkt 70, 114
Wurmmiete 77, 78, 80*, 83*, 84*, 86
Wurmzucht 33, 68, 72, 89*
Wurzelwachstum 47, 82, 102

Zwitter 16